ORIXÁS

2025

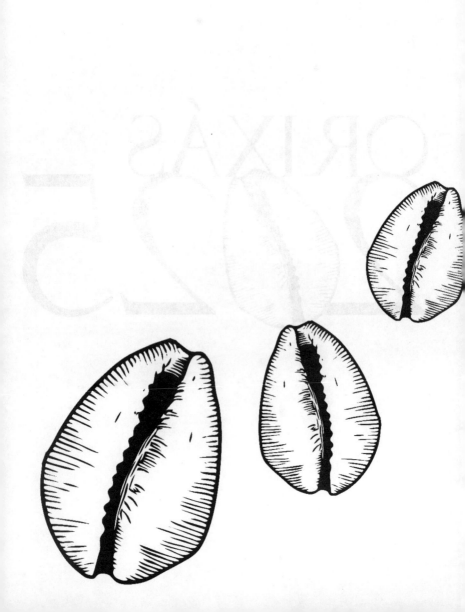

DADOS PESSOAIS

Nome: _____

Endereço: _____

_____

Cidade: _____ UF: _____ CEP:_____ - _____

Tel.: (____) _____-_____ Cel.: (____) _____-_____

E-mail: _____

Website: _____

DADOS COMERCIAIS

Nome: _____

Endereço: _____

_____

Cidade: _____ UF: _____ CEP:_____ - _____

Tel.: (____) _____-_____ Cel.: (____) _____-_____

E-mail: _____

Website: _____

INFORMAÇÕES IMPORTANTES:

Tipo sanguíneo: _____   Fator RH: ( ) Positivo ( ) Negativo

Alergias: _____

_____

Em caso de acidente ou perda deste diário, avisar a:

Nome: _____Telefone: (____) _____-_____

Nome: _____Telefone: (____) _____-_____

Outras informações: _____

_____

_____

_____

_____

CALENDÁRIO 2025

JANEIRO

D	S	T	Q	Q	S	S
			1	2	3	4
5	6	7	8	9	10	11
12	13	14	15	16	17	18
19	20	21	22	23	24	25
26	27	28	29	30	31	

FEVEREIRO

D	S	T	Q	Q	S	S
						1
2	3	4	5	6	7	8
9	10	11	12	13	14	15
16	17	18	19	20	21	22
23	24	25	26	27	28	

MARÇO

D	S	T	Q	Q	S	S
						1
2	3	4	5	6	7	8
9	10	11	12	13	14	15
16	17	18	19	20	21	22
23	24	25	26	27	28	29
30	31					

ABRIL

D	S	T	Q	Q	S	S
		1	2	3	4	5
6	7	8	9	10	11	12
13	14	15	16	17	18	19
20	21	22	23	24	25	26
27	28	29	30			

MAIO

D	S	T	Q	Q	S	S
				1	2	3
4	5	6	7	8	9	10
11	12	13	14	15	16	17
18	19	20	21	22	23	24
25	26	27	28	29	30	31

JUNHO

D	S	T	Q	Q	S	S
1	2	3	4	5	6	7
8	9	10	11	12	13	14
15	16	17	18	19	20	21
22	23	24	25	26	27	28
29	30					

JULHO

D	S	T	Q	Q	S	S
		1	2	3	4	5
6	7	8	9	10	11	12
13	14	15	16	17	18	19
20	21	22	23	24	25	26
27	28	29	30	31		

AGOSTO

D	S	T	Q	Q	S	S
					1	2
3	4	5	6	7	8	9
10	11	12	13	14	15	16
17	18	19	20	21	22	23
24	25	26	27	28	29	30
31						

SETEMBRO

D	S	T	Q	Q	S	S
	1	2	3	4	5	6
7	8	9	10	11	12	13
14	15	16	17	18	19	20
21	22	23	24	25	26	27
28	29	30				

OUTUBRO

D	S	T	Q	Q	S	S
			1	2	3	4
5	6	7	8	9	10	11
12	13	14	15	16	17	18
19	20	21	22	23	24	25
26	27	28	29	30	31	

NOVEMBRO

D	S	T	Q	Q	S	S
						1
2	3	4	5	6	7	8
9	10	11	12	13	14	15
16	17	18	19	20	21	22
23	24	25	26	27	28	29
30						

DEZEMBRO

D	S	T	Q	Q	S	S
	1	2	3	4	5	6
7	8	9	10	11	12	13
14	15	16	17	18	19	20
21	22	23	24	25	26	27
28	29	30	31			

FERIADOS NACIONAIS

01/01	Confraternização Universal
03/03	Carnaval
04/03	Carnaval
05/03	Quarta-feira de Cinzas
18/04	Paixão de Cristo
21/04	Tiradentes
01/05	Dia do Trabalho
19/06	Corpus Christi
07/09	Independência do Brasil
12/10	Nossa Sra. Aparecida - Padroeira do Brasil
02/11	Finados
15/11	Proclamação da República
20/11	Dia Nacional de Zumbi e da Consciência Negra
25/12	Natal

CALENDÁRIO 2026

JANEIRO

D	S	T	Q	Q	S	S
				1	2	3
4	5	6	7	8	9	10
11	12	13	14	15	16	17
18	19	20	21	22	23	24
25	26	27	28	29	30	31

FEVEREIRO

D	S	T	Q	Q	S	S
1	2	3	4	5	6	7
8	9	10	11	12	13	14
15	16	17	18	19	20	21
22	23	24	25	26	27	28

MARÇO

D	S	T	Q	Q	S	S
1	2	3	4	5	6	7
8	9	10	11	12	13	14
15	16	17	18	19	20	21
22	23	24	25	26	27	28
29	30	31				

ABRIL

D	S	T	Q	Q	S	S
			1	2	3	4
5	6	7	8	9	10	11
12	13	14	15	16	17	18
19	20	21	22	23	24	25
26	27	28	29	30		

MAIO

D	S	T	Q	Q	S	S
					1	2
3	4	5	6	7	8	9
10	11	12	13	14	15	16
17	18	19	20	21	22	23
24	25	26	27	28	29	30
31						

JUNHO

D	S	T	Q	Q	S	S
	1	2	3	4	5	6
7	8	9	10	11	12	13
14	15	16	17	18	19	20
21	22	23	24	25	26	27
28	29	30				

JULHO

D	S	T	Q	Q	S	S
			1	2	3	4
5	6	7	8	9	10	11
12	13	14	15	16	17	18
19	20	21	22	23	24	25
26	27	28	29	30	31	

AGOSTO

D	S	T	Q	Q	S	S
						1
2	3	4	5	6	7	8
9	10	11	12	13	14	15
16	17	18	19	20	21	22
23	24	25	26	27	28	29
30	31					

SETEMBRO

D	S	T	Q	Q	S	S
		1	2	3	4	5
6	7	8	9	10	11	12
13	14	15	16	17	18	19
20	21	22	23	24	25	26
27	28	29	30			

OUTUBRO

D	S	T	Q	Q	S	S
				1	2	3
4	5	6	7	8	9	10
11	12	13	14	15	16	17
18	19	20	21	22	23	24
25	26	27	28	29	30	31

NOVEMBRO

D	S	T	Q	Q	S	S
1	2	3	4	5	6	7
8	9	10	11	12	13	14
15	16	17	18	19	20	21
22	23	24	25	26	27	28
29	30					

DEZEMBRO

D	S	T	Q	Q	S	S
		1	2	3	4	5
6	7	8	9	10	11	12
13	14	15	16	17	18	19
20	21	22	23	24	25	26
27	28	29	30	31		

FERIADOS NACIONAIS

01/01	Confraternização Universal
16/02	Carnaval
17/02	Carnaval
18/02	Quarta-feira de Cinzas
03/04	Paixão de Cristo
21/04	Tiradentes
01/05	Dia do Trabalho
04/06	Corpus Christi
07/09	Independência do Brasil
12/10	Nossa Sra. Aparecida - Padroeira do Brasil
02/11	Finados
15/11	Proclamação da República
20/11	Dia Nacional de Zumbi e da Consciência Negra
25/12	Natal

CARTA DE COMPROMISSO PESSOAL

Eu, _____,
firmo esta Carta de Compromisso Pessoal comigo mesma, de maneira pessoal e sincera, reconhecendo que de agora em diante serei a única pessoa responsável pela minha vida!

Compreendo e aceito o fato de que muitas das situações vividas no dia a dia estão fora do meu controle, mas que sobre todas elas tenho sempre a escolha de insistir ou deixá-las ir.

Reconheço que até hoje, por diversas vezes, resisti em admitir que muito sofrimento e dor poderiam ter sido evitadas ou modificadas se eu tivesse tido a coragem necessária para olhar sinceramente para dentro de mim mesma e encarado minha sombra.

Ainda assim, não me culpo por isso. Sou humana e, por isso mesmo, estou em constante aprendizado e evolução. Dessa maneira, assumo de agora em diante esse compromisso comigo, em nome da minha felicidade.

Desse momento em diante me liberto de todas as cargas negativas do passado e decido conscientemente conhecer melhor a mim mesma e despertar a minha melhor versão.

_____

Eu, no primeiro dia do melhor ano da minha vida.

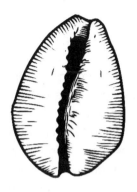

ODUS

Os Caminhos do Destino e as Chaves do Eu Interior

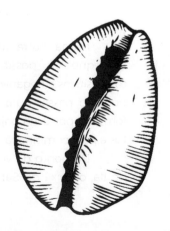

Imagine que você decidiu fazer uma viagem de férias e, para isso, existem 16 estradas principais para chegar até o destino planejado. Em algumas dessas estradas o sol brilha entre campos verdes; em outras, há chuvas e temporais assustadores. Há também aquelas em que, mesmo com a garoa fina, a paisagem é encantadora e vale a pena se molhar um pouco para apreciá-la.

Agora, imagine também que essas estradas se interligam criando novos caminhos. Ao começar sua viagem você se organiza para seguir determinado trajeto, mas no decorrer do passeio avista uma placa indicando algum ponto turístico que lhe interessa, ou fura um pneu, ou decide pegar um desvio para fazer um lanche. Cada curva dessas estradas, cada mudança de trajeto, lhe traz novas opções de viagem, novas paisagens e novos desafios, e conforme o tempo passa, mesmo que o seu destino final continue o mesmo, você descobre inúmeras experiências e acontecimentos que nunca antes havia pensado, simplesmente porque decidiu mudar o roteiro original da sua viagem.

> Na vida e na forma como vivemos
> a vida os Odus são essas estradas,
> servindo como possíveis caminhos
> para que você desenvolva as suas melhores
> capacidades e experimente
> as dores e as delícias de viver.

Numa outra analogia: é como se cada Odu fosse um leque de possibilidades de vidas, de acontecimentos positivos e negativos, de erros e acertos pelos quais todos poderão passar durante a jornada pela Terra. Nossa vida é formada por um conjunto desses Odus, por seus cruzamentos e pela combinação dessas possibilidades.

Do ponto de vista espiritualista, os Odus são os signos de Ifá, o Orixá da Sabedoria, identificados e interpretados a partir das posições aberta/fechada das conchas durante a consulta ao *Merindilogun* - o Jogo de Búzios – ou das sementes no *Opelê Ifá* – o oráculo tradicional dos sacerdotes iorubás. É através deles que os Orixás e todas as energias espirituais se comunicam conosco e influenciam o nosso Destino, e pelas quais Exu - o Orixá da Comunicação e do Movimento - recebe nossas oferendas e as leva até os Deuses, trazendo de lá Suas bênçãos.

Os Odus são divididos em dois grupos, totalizando 256 combinações: os 16 principais, chamados *Odu Meji*; e os 240 secundários, chamados *Omo Odu*. Os nomes dos 16 Odus principais são:

- Okaran;
- Ejiokô;
- Etá-Ogunda ou Ogundá;
- Iorossun;
- Oxê;
- Obará;
- Odi;
- Ejiogbê ou Ejionilé;
- Ossá;
- Ofun;
- Owarin;
- Ejilaxeborá;
- Ojiologbon ou Ejiologbon;
- Iká;
- Obeogundá;
- Aláfia.

Cada um dos 256 Odus é representado por inúmeros mitos e lendas próprios que, em suas histórias, trazem conselhos e orientações dos Orixás para as diversas situações da vida religiosa e cotidiana. Pela correta interpretação das mensagens contidas nesses mitos, os sacerdotes identificam as situações que passam na vida de quem os procura e apontam as energias que interferem de maneira positiva ou negativa para isso.

Ao identificarem essas situações, os sacerdotes também diagnosticam a origem desses problemas, indicando as soluções a serem realizadas para cada uma dessas situações. Essas soluções, por sua vez, podem ser atingidas através de uma mudança de atitudes, ou pela correção de algumas escolhas em relação à vida e às pessoas ao seu redor... Podem ser, ainda, que para a solução em questão seja necessária a realização de rituais mágicos e oferendas aos Orixás - chamados comumente pelo nome genérico de *ebós*.

A palavra *ebó*, de origem iorubá, significa alimento, oferenda, e consegue resumir numa única palavra o maior sentido do culto aos Orixás: alimentar o corpo, a mente e o espírito com as diversas forças da natureza. Não é à toa que a base de todas as religiões de matriz africana sejam as oferendas de comidas votivas.

A culinária brasileira – em especial a de origem na Bahia e em todo o nordeste do país -, com origem nas senzalas e nos mercados, representa muito bem essa íntima ligação que os deuses e os seres humanos têm entre si. O professor e pesquisador em antropologia das populações afro-brasileiras e alimentação e cultura Vilson Caetano de Sousa Júnior, no livro "Comida de Santo que se come", descreve essa relação entre a comida e a religião com excelência:

> *"Nas religiões de matriz africana, a comida é entendida como força, dom, energia presente nos grãos, raízes, folhas e frutos que brotam da terra. A comida é a força que alimenta os ancestrais e ao mesmo tempo o meio através do qual a comunidade alcança o mais alto grau de intimidade com o sagrado através da consumação.*
>
> *[...]*

Nas cozinhas dos terreiros, grãos, raízes, folhas, frutos, hortaliças, carnes e bebidas recebem tratamento especial, e através das palavras de encantamento transformam-se em verdadeiros corpos ancestrais que devem ser consumidos pelas comunidades.

[...]

Nas religiões de matriz africana há comidas provenientes dos sacrifícios [animais], chamadas comidas de ejé, e as comidas secas, aquelas feitas à base de cereais, tubérculos, leguminosas, folhas e frutos.".

Muito mais do que só alimentar, a comida é o que aproxima e une a comunidade e lhe reconecta às divindades, que assim como seus devotos, compartilham dela tornando-se, homens e deuses, um só. Eis um dos maiores segredos trazidos pelos negros escravizados ao Brasil e consolidado nas tradições espirituais e cotidianas: o alimento nutre, fortalece, regozija e cura. Curioso observar, inclusive, que para uma oferenda ser aceita, aquele que a oferece deve sempre, necessariamente, comer a primeira parte após entregá-la, em comunhão a Exu, o comunicador divino.

Ainda sobre essa questão, o *babalawo* Adilson Martins (Ifaleke Aráílé Obi), em seu livro "O Jogo de Búzios por Odu" (*Ed. Pallas, 2012*) nos fala um pouco sobre a cultura africana, em que o físico e o espiritual estão sempre interligados:

"...não cai uma folha de árvore sem que para isso haja uma predeterminação espiritual ou um motivo de fundo religioso.

[...]

As forças superiores são sempre solicitadas na solução dos problemas do quotidiano e, seja qual for a religião de escolha do indivíduo, a prática da magia é sempre adotada na busca de suas soluções, mesmo que esta prática seja velada ou mascarada com outros nomes."

É por isso, afinal, que para todo e qualquer problema ou perigo identificado durante a consulta aos Odus, através de seus mitos e significados eles indicarão um ritual mágico – um *ebó* – a fim de que se alcance a solução desejada, como verdadeiros remédios espirituais. Da mesma maneira, para toda situação positiva e satisfatória, a fim de que se mantenham em nossos caminhos, os Odus também indicarão *ebós* que servirão como presente e agrado às divindades, fortalecendo a comunhão entre você e a espiritualidade e, portanto, atraindo e potencializando suas influências em nossas vidas, permitindo que as coisas sigam da forma que desejamos e se multipliquem conforme as indicações contidas naquele Odu.

Um alerta importante, porém, é que assim como todos os Orixás estão relacionados a um ou mais Odus, também todos os *ebós* estão ligados a seus mitos e simbolismos. Por serem remédios espirituais, nenhum *ebó* deve ser realizado sem que, antes, os Odus sejam consultados: como bem disse o médico e físico Paracelso em meados do século XVI, "*a diferença entre o remédio e o veneno é a dose*". Pode parecer estranho pensar dessa maneira quando entendemos que os ebós têm, muitas vezes, aspectos positivos e objetivos de potencializar determinada energia ou situação em nossas vidas; entretanto, é preciso lembrar que o princípio básico da existência humana é o equilíbrio!

Como vimos, cada um dos Odus e das centenas de combinações possíveis entre eles traz em si aspectos positivos e negativos e nós, seres humanos, estamos sujeitos aos dois aspectos de cada uma delas. Para os nossos caminhos transcorram em harmonia e possamos evoluir, nosso *Universo Interior* precisa estar em equilíbrio com as influências do *Mundo Exterior*.

É como eu ensino sobre o uso de banhos de ervas no livro "O Poder das Folhas": ao realizar um ritual para a prosperidade, por exemplo, ainda que o objetivo inicial seja atrair recursos financeiros, de nada adiantará utilizar os ingredientes unicamente destinados a esse fim sem que, antes, estejamos energeticamente preparados para saber administrá-los. Assim como unir todos os ingredientes específicos a um objetivo singular pode transformar o ritual numa verdadeira bomba energética, também a atração ou repulsão de determinada energia que não seja exatamente a que se precisa equilibrar pode, ao invés de curar a dor ou potencializar a bênção, realizar o efeito contrário. Nem sempre o que nos falta é o dinheiro: ele chega e vai embora, sem que percebamos onde ou no quê. Nem sempre o que falta é alguém que nos ame: somos amados, mas exigimos tanto sem dar nada em troca que inconscientemente afastamos as pessoas. Nem sempre o que nos afeta é a doença: temos corpo saudável, mas nossas angústias e medos somatizam no físico o que a alma não é capaz de processar.

A chave para a sua revolução pessoal, para verdadeiramente transformar a sua vida, é justamente entender como cada uma das energias de fora pode ser equilibrada com as energias de dentro, seja através do estudo e trabalho consciente sobre os seus Odus de Nascimento, seja através de rituais de magia, seja através de mudanças profundas no seu comportamento.

As bênçãos dos Orixás vêm a quem se reconhece como um ser único no Universo e tudo no Universo é energia em equilíbrio.

Com isso, chegou a hora de deixarmos um pouco de lado os fundamentos tradicionais africanos e passarmos a aprender como essas energias e seus significados se relacionam com a construção da nossa identidade e personalidade através da numerologia.

Você sabia que, a partir da sua data de nascimento, os Odus também estão relacionados a todas as áreas da nossa vida – como amor, carreira e desafios do destino -, regendo nossas escolhas e a forma como vivemos? Vou te explicar...

Além de trazerem as mensagens dos Orixás sobre os acontecimentos do cotidiano e as orientações sobre como resolver os problemas que se apresentam em nosso dia-a-dia, fazendo um retrato do *Mundo Exterior* no nosso momento presente e de como as energias dele nos influenciam, os Odus também se relacionam com o momento do nascimento de cada um de nós e determinam características marcantes da nossa personalidade, da maneira como pensamos e sentimos e da forma como nos relacionamos com as pessoas e com o Universo.

São os chamados *Odus de Nascimento*, identificados a partir da somatória dos algarismos que compõe nossa data de nascimento, formando um conjunto inicial de seis energias diferentes, como um *Mapa Astral dos Orixás*. Cada uma dessas energias corresponde a uma área da vida: personalidade, identidade, evolução pessoal, carreira e intelectual, relacionamentos interpessoais e amorosos, desafios do destino e revolução interior.

Cada Odu de Nascimento influencia nossas escolhas e decisões sobre a área da vida que rege durante toda nossa existência e o principal deles – chamado *Odu Ori* – atua como se fosse os signos de um *Horóscopo Africano*.

Ao mesmo tempo, além da energia específica desses Odus sobre a área da vida em questão, cada um deles ainda se relaciona aos Orixás desse caminho e recebe influência desses Orixás sobre os aspectos específicos da regência que está sendo analisada, formando inúmeras variações possíveis entre eles. Assim, duas pessoas com o mesmo Odu regente numa das posições do Mapa serão influenciadas diferentemente pela atuação em conjunto do Odu e dos Orixás que se manifestam nele. E se houvesse uma forma de desvendar a própria alma e conhecer os segredos mais íntimos da sua personalidade?

É exatamente isso que a interpretação dos seus Odus de Nascimento faz! Levando a um verdadeiro mergulho dentro de si, a interpretação detalhada dos seus Odus de Nascimento permite que você conheça e compreenda sua forma de amar e de se relacionar, de se expressar com as pessoas, de lidar com as emoções e enfrentar os desafios do Destino.

A partir dessas interpretações e com o trabalho consciente sobre as características positivas e negativas que carregam, você se torna capaz de se conhecer melhor e entender a dinâmica que o mundo espiritual tem nas suas escolhas e decisões, passando a tomá-las de maneira mais integral e inteligente. Ao olhar para dentro de si e descobrir o seu *Universo Interior*, você também pode contar com a força e o auxílio dos Orixás para te auxiliar na busca pelo sucesso e pela felicidade, construindo uma jornada de autoconhecimento, descobrimento pessoal e vitórias na sua vida.

Assim como na astrologia e na numerologia tradicionais, diversas interpretações e cruzamentos entre essas energias podem ser identificadas, desde a mais simples – como a leitura individual do Odu Principal da sua regência – até as mais complexas – como as subcombinações entre as seis posições principais do Mapa Astral dos Orixás.

Quanto mais profundo o olhar, mais é possível conhecer a personalidade de cada pessoa e a forma como ela se relaciona com o ambiente ao seu redor e consigo. Já pensou poder entender como as pessoas com quem você convive, o lugar onde mora e a sua história interferem e influenciam a sua vida – e como você influencia a vida dessas pessoas?

DIFERENÇAS ENTRE O JOGO DE BÚZIOS E OS ODUS DE NASCIMENTO

A primeira lição parece simples e óbvia, mas o grande erro da maioria das pessoas que vêm consultar o Jogo de

Búzios comigo é justamente ignorarem ela, olhando apenas para um ou outro lado da moeda...

> Nossa vida e nosso destino são o resultado
> de dois grandes grupos de energias
> que se combinam e se complementam:
> o Mundo Exterior e o Universo Interior.

Algumas delas (poucas, na verdade) fazem um trabalho intenso ao olhar para dentro de si e compreender a maneira como lidam com os próprios sentimentos e emoções. Observam os aprendizados do passado para evitar repeti-los, assumem verdadeiramente a responsabilidade sobre suas ações e mudam algumas decisões do presente com base no que encontraram dentro de si mesmas. Assim, começam aos poucos a modelarem os resultados que pretendem obter no futuro próximo a partir dessas mudanças... O problema aí é que acabam extrapolando algumas expectativas e muitas vezes confundindo responsabilidade com culpa, passando a se frustrar por não atingirem determinado objetivo no tempo ou da maneira que desejavam, ou ainda a se punirem inconscientemente por isso.

O outro lado dessa moeda (e que infelizmente é o que a grande maioria das pessoas faz) acontece, justamente, quando elas não olham para dentro de si mesmas – ou pior, olham e acreditam que não há nada a mudar e melhorar! Tão acostumadas a sentirem-se vítimas perseguidas por toda e qualquer coisa no mundo que não sejam elas mesmas, essas pessoas têm o dedo indicador constantemente apontado para fora: *fulano não gosta de mim, por isso não consegui aquele emprego... Beltrano tem inveja de mim, por isso me persegue e convence a todos que sou ruim... Eu só fiz isso porque Ciclano fez aquilo...* Esquecem, porém, que quando um dedo aponta para fora, outros três apontam para dentro, mostrando que em toda e qualquer situação, nós sempre teremos alguma parcela de participação e responsabilidade!

Agora, pare por um instante e responda sinceramente para si mesma:

- Quantas pessoas você conhece que são assim?
- Quantas vezes você já contou essas mesmas mentiras para si?

É claro que existem pessoas ruins e invejosas no mundo! É claro que muitas situações da vida vão além do nosso controle e acabamos sujeitos às circunstâncias! O ponto chave em qualquer uma dessas situações, de um ou de outro lado da moeda, é compreender que por mais ou menos intenso e consciente que seja o nosso trabalho interior, nenhum de nós é uma ilha. Vivemos em um mundo de energias e assim como somos influenciados por elas e pela interação com as pessoas ao nosso redor, também influenciamos tudo o que nos acontece e quem se aproxima da gente!

A verdade é que absolutamente todas as situações que vivemos no dia a dia são fruto e resultado dessas interações, da soma entre as escolhas que fazemos e das escolhas de outras pessoas, sejam estas escolhas positivas ou negativas sobre aquilo que desejamos. Como em uma balança invisível na qual de um lado estão nossas escolhas e energias pessoais e do outro estão as influências do mundo, para alcançarmos o tão desejado equilíbrio que nos guiará ao sucesso e à felicidade precisamos equilibrar seus dois lados... E aí está a grande diferença entre consultar o Jogo de Búzios, ouvindo a voz dos Orixás, e compreender as regências dos seus Odus de Nascimento: um completa, complementa e equilibra o outro!

O seu Mapa Astral dos Orixás é único e não se modifica com o passar do tempo, representando as energias que formam o seu *Universo Interior* e a maneira como você influencia o ambiente ao seu redor. Porém, esse ambiente se modifica a cada momento e, por isso, a consulta ao Jogo de Búzios se modifica também! Ao unir as interpretações do Mapa Astral e do Jogo de Búzios, tornamo-nos capazes de compreender como o momento presente - *Mundo Exterior* - está influenciando os seus caminhos e de que maneira as suas energias pessoais - *Universo Interior* - está influenciando essas situações ao redor.

A primeira vez que eu fiz o meu Mapa Astral dos Orixás pessoal foi incrível: parecia que em poucas palavras a minha vida inteira estava sendo descrita, passo a passo... Mas eu preciso te contar uma coisa: foi quando eu comecei a olhar para os meus Odus de Nascimento a cada seis meses, mais ou menos, que eu fui capaz de realmente entender a influência que cada aspecto da minha personalidade e da minha maneira de agir e reagir em relação ao que me acontecia e perceber o quanto eu tinha mudando. Algumas vezes pra pior, é claro... Mas na maioria das vezes, pra melhor!

Vou te dar um exemplo e contar resumidamente os meus últimos vinte e poucos anos de vida: desde que eu comecei a minha carreira, aos 16 anos, até mais ou menos os 24 anos de idade, sempre trabalhei na área de tecnologia, desenvolvendo softwares e sistemas para a internet. Nessa idade, eu fiz a minha primeira grande transição de carreira e fui deixando os computadores de lado pra me dedicar integralmente aos Orixás, passando a atender centenas de pessoas através do Jogo de Búzios por uns quatro ou cinco anos a partir dali. Já com 29 anos de idade, eu escrevi o meu primeiro livro, chamado "Desvendando Exu" e dali pra frente passei a me dividir entre os atendimentos espirituais, a nova carreira como escritor e o trabalho como editor na Arole Cultural.

Olhando pra essa curta linha do tempo e por mais diferente que as atividades que eu tenha exercido sejam entre si, você consegue perceber como o Odu Iorossun definiu cada uma delas?

No início, para criar os programas de computador, eu precisei aprender e utilizar da melhor maneira as *linguagens de programação*, que são como o idioma que os computadores falam. Depois, como babalorixá nos atendimentos espirituais, eu precisava entender as mensagens dos Orixás e "*traduzi-las*" da melhor maneira possível pra que os consulentes compreendessem os recados, aprimorando a maneira como eu me *comunicava*. Agora, como editor e escritor, preciso mais do que nunca *falar e escrever* de maneira clara e ao mesmo tempo envolvente, pra que você leia com prazer e aprenda cada lição que os livros querem transmitir.

O meu Odu de Nascimento mudou nesses anos todos? Claro que não! Mas as situações ao meu redor, os desafios que vivenciei e as oportunidades que foram sendo aproveitadas se transformavam a cada instante... E a cada uma delas, quando sentia que precisava de respostas ou de uma orientação sobre os caminhos a seguir, eu buscava consultar o Jogo de Búzios pra mim e passava, então, a tentar entender como os conselhos dos Orixás poderiam se tornar ainda mais positivos se eu os aliasse aos potenciais que os meus Odus de Nascimento já definiam em mim, no meu jeito de ser!

Se você quer realmente transformar a sua vida e despertar a sua melhor versão através dos Odus de Nascimento, então precisa entender que a principal mudança começa de dentro. É por isso que a maioria das pessoas continua repetindo as mesmas situações e buscando eternamente uma solução externa para os problemas: querem que tudo mude, menos elas! Querem que a vida se transforme, desde que não precisem sair da zona de conforto em que se colocaram!

Ao perceber como os seus Odus de Nascimento interagem com cada situação específica do Mundo ao seu redor, novas transformações pessoais acontecerão a cada instante, permitindo que você cresça e evolua rumo equilíbrio desejado! E quando isso acontecer, você certamente estará muitos passos adiante nessa jornada que vamos começar agora!

Os Orixás de Cabeça

Um dos principais conceitos da vida em sociedade é o princípio de identificação e pertencimento: desde a infância, quando nascemos e somos cuidados por nossos pais; passando pela escola, quando buscamos o cuidado e atenção daquela professora especial; na adolescência, quando formamos nossos grupos de amizades; até a vida adulta, quando encontramos alguém pra amar... Todo mundo gosta de se sentir protegido, de ser parte de algum grupo, de se reconhecer nas pessoas ao seu redor e sentir que elas também se reconhecem em nós!

Na espiritualidade isso acontece da mesma maneira! Seja qual for a sua religião, todas elas têm uma crença em comum: cada um de nós é uma partícula divina, um pedacinho dos deuses vivendo na Terra e, nas religiões de matriz africana, esse *senso de filiação e pertencimento* está intimamente ligado ao que costumamos chamar de *ancestralidade*: *"eu sou hoje o resultado de todos aqueles que vieram antes de mim"*!

Assim como acontece desde a infância, quando a nossa identidade e personalidade são formadas por uma combinação de influências dos pais e da família onde nascemos, das pessoas com quem convivemos, da nossa interpretação pessoal sobre essas pessoas e sobre os acontecimentos, também na vida espiritual essa formação acontece pela combinação de uma série de energias, em especial pelas influências dos Odus de Nascimento e da nossa *ancestralidade espiritual*. Por isso, somos considerados *filhos* dos Orixás!

Assim, a pergunta mais comum que a maioria das pessoas faz quando se fala sobre Odus e Jogo de Búzios é *"quem são os meus Orixás de Cabeça?"* – afinal, quem não quer saber quem são seus pais e mães?

Porém, é importante que as lições anteriores tenham ficado claras pra você até aqui, pois elas serão necessárias pra compreender o que eu vou dizer agora (mesmo que muitos autores e sacerdotes digam diferente, aqui eu assumo o risco, pois os que dizem o contrário não sabem o que falam):

Odu de Nascimento não define
os Orixás Pai e Mãe de Cabeça!

Ora! Se na vida física nossa identidade e nossa personalidade são construídas a partir das influências que recebemos de diversas pessoas e situações – dentre elas, nossos pais carnais -, e se os Odus de Nascimento são as regências de como essa mesma identidade e personalidade são definidas no mundo espiritual, como é que pai e mãe seriam determinados por elas? Além disso, aceitar que o Odu de Nascimento defina quem são seus Orixás de Cabeça seria o mesmo que dizer que todas as pessoas do mundo nascidas no mesmo dia que você sejam filhas do mesmo pai e mães espirituais!

Portanto, é fundamental que isso fique muito claro: os Odus de Nascimento e Mapa Astral dos Orixás são *ferramentas de autoconhecimento e desenvolvimento pessoal*. Somente a consulta ao Jogo de Búzios ou ao Opelê Ifá, realizadas por sacerdotes verdadeiramente iniciados nos mistérios dessas tradições, é que poderão identificar quem são os seus Orixás de Cabeça – que, inclusive, podem ser um pai e uma mãe, dois pais ou duas mães: as famílias plurais também existem na espiritualidade!

JOGO DE BÚZIOS: A VOZ DOS ORIXÁS

Os desafios do século XXI fazem a vida parecer cada dia mais acelerada, dando a impressão de que nunca há tempo suficiente para cumprir todos os compromissos e, muito menos, planejar e realizar aquilo que verdadeiramente lhe dá prazer, não é mesmo? O mais intrigante, talvez, é que essa rotina alucinada parece se repetir em todas as fases da vida. Não importa se você tem 20, 30 ou 50 anos... Desde que deixamos a adolescência e assumimos as responsabilidades da vida adulta, parece que nunca mais tivemos a oportunidade de olhar para dentro de nós mesmos, de ouvirmos o nosso coração e cuidarmos do nosso jardim interior com a mesma tranquilidade e, por que não dizer, com a mesma dedicação que nos era possível na juventude.

Eu falo por experiência: comecei a trabalhar formalmente logo que completei 16 anos, como estagiário no departamento de tecnologia do colégio onde cursei o Ensino Médio. Poucos meses antes de completar 18 anos, subi num ônibus com todas as minhas bagagens e deixei uma cidade de 200 mil habitantes rumo à selva de pedra chamada São Paulo, onde passei a morar sozinho (*na verdade, dividia apartamento com amigos, mas vale a história*) e dedicar praticamente todo o meu tempo a construir os primeiros passos da minha carreira, aos estudos da faculdade e a conseguir pagar as contas do início da vida adulta. Passo a passo fui conquistando pequenas promoções e posições no mercado de trabalho até que, cinco anos depois e já com uma carreira bem estruturada, surgiram as primeiras grandes exigências e compromissos profissionais, viagens a trabalho e oportunidades de crescimento financeiro efetivo.

Parecia a realização final de um grande sonho e, naquele momento, eu sentia como se tivesse chegado ao topo da grande montanha que me propusera a escalar! Eu me sentia completo, orgulhoso de mim mesmo e merecedor de todas os louros, afinal, havia batalhado incansavelmente desde muitos anos antes para chegar ali!

Mal sabia que atingindo aqueles primeiros objetivos, novos e maiores planos surgiriam imediatamente a seguir e, com eles, também novas e ainda maiores exigências. Junto a elas, o sabor da vitória que eu experimentara poucos meses antes começava a perder o gosto e a graça. Nesse momento eu já estava cursando minha segunda faculdade (verdade seja dita: não completei a primeira), tinha deixado o apartamento que dividia com colegas para morar sozinho de verdade, em outro bairro da cidade, e meu círculo social era completamente diferente daquele de quando cheguei na cidade grande. Ao olhar para o lado, porém, observando a vida, a rotina e as histórias contadas pelos meus amigos da época, percebi que o mesmo acontecia com todos eles...

Tínhamos grandes sonhos, tínhamos grandes planos, e cada ano que passava parecia que havia menos tempo para buscá-los. Os dias se preenchiam com a rotina: completar os estudos, estudar ainda mais, criar os filhos, pagar as contas, construir um bom casamento, cuidar da casa... E a cada dia, novas escolhas, novas decisões e novas dúvidas. Bem, acredito que você saiba o que estou querendo dizer, certo?

Em meio a isso tudo, quantas vezes eu - e *você também, admita!* – me senti diante de uma encruzilhada, sem saber que caminho escolher... Quantas vezes olhei para o céu e perguntei em pensamento: *meus deuses, qual é o meu destino?* Quantas vezes, com um nó na garganta, desejei ansioso ouvir uma mera palavra divina que indicasse como seguir em frente e, mesmo com tantos desafios, como encontrar um momento de paz e felicidade duradouro...

Até que um dia eu finalmente ouvi essa palavra!

Na primeira vez que busquei uma consulta ao Jogo de Búzios, pude sentir nitidamente a presença dos Orixás. Era como ouvi-los falando ao meu coração tudo o que deveria ser feito dali por diante. Eles me chamavam, falavam comigo e para mim, me orientavam sobre os *se* e sobre os *senões* para que eu pudesse, finalmente, escolher o melhor caminho a seguir sem estar à mercê dos acontecimentos. Eles me ensinavam a me tornar uma pessoa melhor diariamente e, quando as dores e os perigos do mundo se aproximavam, me estendiam a mão e realizavam sua magia para me proteger.

Ao ouvir a voz dos Orixás pela primeira vez eu compreendi que tinha uma missão de vida e que a partir dali deveria transformar essa missão em propósito: levar a palavra dos Orixás a todas as pessoas que assim desejassem, buscassem e estivessem dispostas a ouvi-la. Por tudo isso, eu me tornei Babalorixá e dediquei a minha vida dali pra frente a estudar e compreender como essa *voz* se fazia ouvida e *quais mensagens ela transmitia*.

O QUE É O JOGO DE BÚZIOS?

O Jogo de Búzios é a fala dos Orixás, através dos quais, com a devida interpretação dos Odus a que esses Orixás se relacionam e das combinações entre eles, o sacerdote identifica as mensagens das divindades, sejam elas de bênção ou de perigo. É também através dessas interpretações que poderão ser identificados qual o seu Orixás "de cabeça", quais os demais Orixás que abençoam o seu caminho e quais energias estão interferindo de maneira positiva ou negativa para que você possa atingir os seus desejos e objetivos.

A consulta ao Jogo de Búzios revela os seus desejos, sonhos e objetivos, as perspectivas para o seu futuro, as maneiras de seguir trilhando um caminho de vitórias ou os motivos pelos quais você ainda não chegou aonde gostaria – sejam eles de sua responsabilidade, pelos quais o sacerdote deverá lhe orientar quanto a mudanças de comportamento ou decisões, ou por influências exteriores. Nesses casos, especialmente, a partir de suas interpretações também se identificarão as formas de corrigir os problemas e de potencializar as soluções frente e todo o tipo de males do corpo e da alma através dos *ebós*: saúde, carreira e trabalho, evolução pessoal e desafios, amor e relacionamentos e muitas outras questões. Mais que isso, é preciso compreender que:

*O Jogo de Búzios trata das energias
e influências exteriores que neste momento
da sua vida estão influenciando seu caminho,
como um retrato do mundo ao seu redor
e das maneiras como ele lhe afeta.*

Pode parecer apenas uma questão semântica, mas é importante que isso fique claro: o *futuro* como costumamos pensá-lo, no sentido de fatos que ainda não ocorreram e que estão pré-determinados a surgirem nos nossos caminhos por determinação de alguma força sobrenatural, não existe! Somos seres livres e pensantes, dotados de capacidade analítica e do poder de tomar decisões – ainda que, muitas vezes, decidamos não tomar nenhuma e deixar que as situações transcorram conforme as vontades alheias.

Talvez eu esteja correndo um grande risco falando isso assim, abertamente, mas a verdade é essa: nenhum oráculo e nenhum sacerdote que siga os fundamentos corretos de sua tradição religiosa - qualquer que seja ela – tem o dom de prever o *futuro*. Assim como ninguém vai ao médico e passa por procedimentos para tratar males do corpo que ainda não existem, ninguém vai aos Orixás afastar aquilo que ainda não se aproximou ou modificar aquilo que ainda não se conhece ou que ainda não aconteceu.

*Entende a importância de
assumir a sua vida e decidir,
consciente e verdadeiramente,
a responsabilidade pelo seu presente?*

Nesse sentido, a consulta aos Odus desvenda o seu presente, identifica quais são as energias que influenciam o seu momento presente, compreende os motivos do passado que deram origem a isso e, através da sabedoria de Orunmilá - o Orixá do Conhecimento – informa quais serão os resultados das escolhas e atitudes de agora no porvir, *caso você não mude, caso não tome uma atitude frente a essas "previsões"*. Lembra da história que contei sobre a moça perseguida no trabalho, que anos depois enfrentava os mesmos problemas? Presente desvendado, origens no passado identificadas e possíveis soluções indicadas – dentre elas, a troca de emprego. Houve mudança? Não! Houve a escolha por não mudar? Consciente ou inconscientemente, houve, e com isso as "previsões" não se cumpriram!

Uma vez que tenhamos compreendido isso, passaremos a compreender a verdadeira magia dos Orixás, que é a multiplicação das bênçãos através da dinâmica da *dádiva*, conceito elaborado pelo sociólogo e antropólogo francês Marcel Mauss (1872-1950). Sobre isso, transcrevo a seguir um trecho do livro "*O Segredo das Folhas: Magia Prática para o Dia-a-Dia*", o volume três da *Trilogia As Folhas Sagradas*:

> *De maneira simplificada, o pesquisador afirma que todas as relações humanas, físicas ou simbólicas, estão baseadas na dinâmica da dádiva: dar, receber e retribuir. No artigo "A sociologia de Marcel Mauss: Dádiva, simbolismo e associação", publicado na Revista Crítica de Ciências Sociais, que discorre sobre as implicações sociais e políticas da teoria de Marcell Mauss, o autor diz:*
>
> *"A dádiva está presente em todas as partes e não diz respeito apenas a momentos isolados e descontínuos da realidade. O que circula tem vários nomes: chama-se dinheiro, carro, móveis, roupas, mas também sorrisos, gentilezas, palavras, hospitalidades, presentes, serviços gratuitos, dentre muitos outros.*
>
> *[...] diferentemente dos demais animais, o humano se caracteriza pela presença da vontade, da pressão da consciência de uns sobre outros, das comunicações de ideias, da linguagem, das artes plásticas e estéticas, dos agrupamentos e religiões,*

em uma palavra, complementa, das 'instituições que são o traço da nossa vida em comum'"

Ainda que a teoria de Mauss trate das questões de ordem prática nas relações entre as sociedades humanas, a partir de seu conceito de dádiva é possível perceber a dinâmica das energias da qual falamos: se eu dou de maneira negativa, recebo também negativamente e retribuo por igual; ao passo que se dou de maneira positiva, recebo positivismo e, portanto, retribuo positivamente. Uma vez que tudo isso já acontece de forma automática, imagine os resultados fantásticos que poderíamos alcançar usando essa mesma dinâmica de maneira consciente!

Nas religiões de matriz africana essa prática é levada ainda mais além: quem acredita na força e no poder dos Orixás vivencia a dádiva quase que diariamente, mesmo quando não tem consciência disso. Ao realizarmos nossas oferendas em agradecimento pelas bênçãos recebidas, ao acendermos uma vela para fortalecer as intenções dos nossos pedidos, ao louvarmos nossos Orixás através dos cantos e das danças rituais... Enfim, todo e qualquer ato dedicado aos Orixás é uma dádiva que, pelo caráter espiritual da prática religiosa, ganha dois novos componentes: a magia e o propósito.

[...]

Dessa maneira, podemos afirmar que todo e qualquer ato de devoção ou ritual realizado aos Orixás é, em si, um ato de magia – afinal, cremos que a força e o poder dos Orixás são capazes de produzir efeitos inexplicáveis em nossas vidas. Ao mesmo tempo, um ato de magia é sempre guiado por uma motivação, por um objetivo: quem faz um pedido, pede alguma coisa; quem faz um agradecimento, agradece por algum resultado. Logo, a prática da espiritualidade está baseada, justamente, na união desses três aspectos: consciência – eu sei o que estou fazendo e faço por vontade própria; magia

– busco a intervenção divina para transformar as energias dos elementos rituais em resultados sobrenaturais; e propósito – tenho um objetivo específico para aquilo que faço.

Para que possamos seguir adiante, porém, é preciso lembrarmo-nos de um fator fundamental: nenhum destes três aspectos nos isenta de assumir a responsabilidade por aquilo que estamos buscando, por aquilo que estamos fazendo desde agora até a obtenção do resultado desejado e, principalmente, por aquilo que faremos após conquistarmos nossos desejos ou alcançarmos nosso propósito. Dar, receber e retribuir é um processo cíclico e contínuo, que cresce e expande conforme o praticamos e que não deve ser quebrado por aqueles que buscam verdadeiramente viver em harmonia, em felicidade e em prosperidade, deixando de ser apenas imagem e semelhança para, de fato, tornar-se partícula divina.

É por encarar o passado, o presente e o futuro dessa maneira que, diferente de outros oráculos, na consulta ao Jogo de Búzios você não precisa fazer qualquer pergunta: Orunmilá, junto a Exu, sabe exatamente aquilo que se passa no seu coração e nos seus caminhos e por isso as mensagens sagradas são decifradas sem que se diga nada. Ainda assim, é claro, como uma ferramenta profunda e poderosa de orientação e aconselhamento pessoal, durante uma consulta ao Jogo de Búzios você poderá fazer as perguntas que desejar sobre quaisquer assuntos e áreas da sua vida, pois Exu é a força que revela os mistérios do Universo.

Quer agendar a sua consulta ao Jogo de Búzios?

Se você também deseja ouvir a voz dos Orixás e as orientações que eles têm para a sua vida e o seu destino, que tal agendar sua consulta ao Jogo de Búzios? Os atendimentos podem ser presenciais, em Mairiporã/SP, ou à distância, onde quer que você esteja! Para reservar  o seu horário agora mesmo aponte a câmera do seu celular ou tablet para o código QR-Code ao lado ou acesse o site

www.diegodeoxossi.com.br/previsoes

As Fases da Lua na Magia

Você já reparou quantas vezes, desde pequenos, olhamos para o céu e admiramos a Lua em suas diversas fases? Crescente, Cheia, Minguante ou Nova... A Lua e seus ciclos sempre serviram de referência para guiar nossos passos e muitas vezes nos auxiliar a tomar decisões. Quem nunca se perguntou qual a melhor fase da Lua para essa ou aquela decisão do dia a dia como cortar o cabelo ou plantar um novo vaso de poder? Se a Lua é importante para o cotidiano, imagine o tamanho de sua importância para a magia!

Desde os tempos antigos as fases da Lua vêm influenciando a vida e os rituais humanos - sejam eles mágicos ou cotidianos. Não é à toa que muitas pessoas se utilizam do calendário lunar para tomar decisões importantes em suas vidas: os pescadores e camponeses, por exemplo, não conheciam as influências mágicas das fases da Lua, mas sempre souberam qual o melhor período para uma ou outra atividade no campo e nas águas. Da mesma forma, o aumento do número de parturientes durante a Lua Cheia, por exemplo, é também muito conhecido. A propósito, a Lua exerce uma influência especial sobre as mulheres e suas regras mensais. Por esse motivo, ela é considerada uma divindade em diversas tradições mágicas - as diversas faces do Sagrado Feminino: a donzela, a mãe, a anciã e a guerreira se refletem e personificam a cada ciclo lunar.

Na Magia Cigana, na Umbanda, no Candomblé e na magia com as folhas sagradas não é diferente: a influência da Lua é muitas vezes considerada para determinar o melhor momento para se realizar esse ou aquele tipo de ritual, banho ou defumação, dependendo dos objetivos que queremos atingir. Para rituais de louvação a *Ori*, por exemplo, nosso Orixá Individual, ou em ebós e rituais que busquem a prosperidade e a abertura de caminhos, é fundamental considerar a maneira como a Lua se posiciona no céu.

Então... Quais são as potências e objetivos que devem ser trabalhados em cada uma delas?

LUA CRESCENTE

Crescente é a fase em que a Lua sai da escuridão e começa a renascer, iluminando o céu. Por isso, é propícia aos rituais de potencialização, multiplicação e atração. Rituais que tenham por objetivo aumentar o que se deseja, o nascimento de crianças, nutrição das amizades e dos relacionamentos, amor, sensualidade e sentimentos, harmonização das situações e dos ambientes, boa sorte, negócios e prosperidade devem ser realizados durante esse período.

LUA CHEIA

Cheia é a fase em que a Lua está mais visível e brilhante, reinando plena no céu. É nesse período que as energias espirituais atingem seu ápice e se consolidam, vibrando mais forte. Por isso, é propícia aos rituais de fortalecimento, preenchimento, fertilidade, virilidade e sexualidade, comunicação, brilho, sucesso e visibilidade, assinatura de contratos e parcerias, felicidade, coragem e fortaleza, conquista e domínio, definição de situações amorosas e casamentos.

Lua Minguante

Minguante é a fase em que a Lua vai diminuindo o brilho até desaparecer, morrendo por alguns dias. É o momento propício para o encerramento de tudo o que não é mais necessário ou desejado, o banimento de energias negativas, libertação e finalização, reversão de situações indesejadas, cura (*no sentido de eliminar a doença*), morte e ressureição simbólicas, maturidade e sabedoria ancestral, venda de imóveis e quebra de feitiços maléficos.

Lua Nova

Nova é a fase em que a Lua não está visível no céu, preparando-se para renascer em seu novo ciclo. Por isso, é um período de instabilidade energética, repleto de mistérios e inseguranças, de morte e escuridão, de reclusão, sendo propício, porém, para a meditação e o autoconhecimento.

Lua Fora de Curso

Além das fases Crescente, Cheia, Minguante e Nova, a Lua ainda passa por uma quinta fase perigosíssima, que pode acontecer a qualquer momento e anular todos os seus objetivos mágicos? Vou te explicar mais sobre esse assunto delicado e complexo...

Tem dias que tudo o que precisamos - ou, pelo menos, tudo o que gostaríamos - é parar, não é mesmo? Desligar o celular, sair do Facebook e do Instagram, esquecer os e-mails e olhar pra dentro de nós mesmos... Ficar um tempo a mais na cama, ou talvez se esticar um pouco no sofá, como se não houvesse preocupações e compromissos lá fora. Um momento para recarregar as energias, para não pensar em nada e, ao mesmo tempo, recriar os planos e projetos que serão realizados nos dias seguintes. Na magia esse momento também existe!

Independente da fase em que se encontre, algumas vezes a Luz deixa de vibrar energeticamente, tirando um momento para se realinhar consigo mesma e nos convidando a fazer o mesmo. A Lua Vazia, também chamada Lua Fora de Curso, acontece a cada dois ou três dias, sempre que a Lua completa seu último aspecto em qualquer um dos signos do zodíaco até o momento em que ela ingressa no signo seguinte. Esse período pode durar alguns minutos ou até mesmo horas e, durante elas, os trabalhos mágicos e rituais devem ser totalmente evitados, sob risco de terem seus objetivos anulados. Tudo o que é iniciado tende a ser incerto e imprevisível, estando sujeito a erros e frustrações.

O primeiro astrólogo a popularizar a Lua Vazia foi o americano Al Morrison e observou que "todas as ações empreendidas enquanto a Lua está fora de curso por alguma razão sempre falham em seus resultados planejados ou pretendidos". É um período de recolhimento espiritual e energético, que devemos utilizar para a observação de si mesmo e o planejamento dos novos objetivos. Nas palavras do astrólogo brasileiro Oscar Quiroga:

> "A agenda cultural que rege nossos dias não respeita esse ritmo, pretende que sejamos produtivos sempre que despertos, mas essa é uma aberração, ninguém suporta ser produtivo o tempo inteiro durante a vigília. Os períodos de Lua Vazia são os momentos astrológicos em que a subjetividade reina e, por isso, nós adquirimos licença cósmica para nos dedicar à sagrada arte da despreocupação."

Durante os períodos de Lua Vazia as pessoas em geral tendem a parecerem "desligadas" da realidade, como se fossem puxadas para dentro de si mesmas, tornando-se pouco objetivas e dificultando o discernimento e a lucidez para tomar decisões. Por esse motivo, deve-se evitar a realização de toda ação importante e decisiva para sua vida e seus caminhos, como por exemplo:

- Iniciar relacionamentos;
- Assinar contratos;
- Adquirir ou vender bens como carros, imóveis, roupas etc.;
- Lançar novos negócios e/ou empreendimentos;
- Estrear shows, peças, exposições etc.;
- Participar de entrevistas de emprego;
- Iniciar uma nova carreira;
- Realizar cirurgias ou intervenções médicas (exceto as de emergência);
- Realizar longas viagens;
- Ter conversas para resolver problemas afetivos ou de relacionamento;
- Experimentar novos processos e/ou procedimentos em qualquer área;
- Realizar provas, testes ou exames de qualificação;
- Formalizar e/ou contratar negócios de médio e longo prazo.

Ainda assim, os períodos de Lua Vazia têm suas vantagens, já que nos conectam de forma especial ao nosso eu interior. Com isso, esses momentos são propícios para o ócio criativo, para a continuidade daquilo que já está em andamento, para o relaxamento do corpo e da alma e para a meditação e reflexão. Em poucas palavras, as Luas Vazias favorecem as questões subjetivas da alma em detrimento das questões objetivas da matéria.

Observar esse aspecto na hora de realizar os seus rituais, banhos e defumações com as folhas sagradas pode servir como um excelente guia para fortalecer seus propósitos mágicos e a maneira com que o Universo age e responde sobre seus desejos.

Para acompanhar as datas e horários de Luas Vazias em 2023 é fácil! Usando o leitor de QR-Code do seu tablet ou celular, acesse o site com código ao lado ou digite o endereço do link a seguir no seu navegador de internet e confira o calendário completo no nosso blog!

www.diegodeoxossi.com.br/lua-vazia

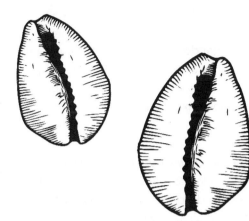

UM PRESENTE
PRA VOCÊ

Como acessar o seu Mapa Astral dos Orixás completo

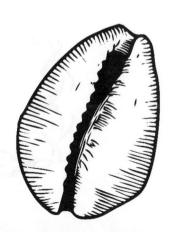

Estamos chegando ao início da nossa jornada neste ano e como agradecimento pela sua companhia quero te dar um presente especial: **o seu Mapa Astral dos Orixás completo!**

1) Acesse a "*Área do Cliente*" no site ***www.arolecultural.com.br*** e faça seu cadastro utilizando o cupom promocional abaixo e o código de barras que aparece na contracapa da sua agenda.

   ATENÇÃO: se você já tiver cadastro, faça o login na Área do Cliente e ative seu presente acessando o menu "Cadastrar Cupom Bônus".

2) Depois de cadastrar seu cupom e fazer o seu login, acesse o menu "*Meus Conteúdos > Mapa Astral dos Orixás*".

3) Clique no botão indicado para confirmar os dados da pessoa para quem deve ser feito o mapa e pronto! Você receberá o link de acesso por e-mail.

2025-E7F853

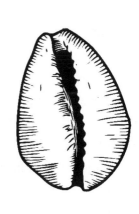
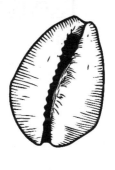

JANEIRO

Odu do mês: Ofun

O tempo é o Senhor da razão

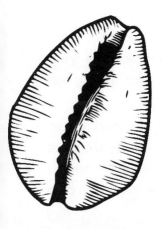

Previsões para Janeiro

Sob a influência do Odu Ofun, este mês nos convida a um caminhar mais lento, contrastando com o ritmo acelerado dos meses anteriores. Pode parecer que os dias se arrastam, mas, na verdade, estamos em um período cheio de oportunidades de aprendizado e uma sensação reconfortante de segurança. Neste momento, o mais importante é abrandar a pressa e absorver as lições que a vida coloca diante de nós.

Esse é o momento ideal para olhar o passado com carinho e sabedoria, aprendendo com as experiências que vivemos. Tudo o que passamos nos guia para a compreensão de que cada elemento, cada lembrança, tem o seu lugar. O passado, no entanto, deve permanecer no seu tempo, sem interferir no presente. É uma fase de reavaliar com honestidade nossos hábitos, nossas relações, carreira e tudo o que é significativo em nossas vidas. O que, afinal, precisa de um ponto final?

O Odu Ofun, com sua regência sobre a passagem do tempo, nos lembra da importância de praticar o desapego. Algumas coisas, por mais que nos tenham feito bem no passado, já não fazem mais parte do que somos agora. A coragem de encerrar esses capítulos é essencial. E, embora tomar essas decisões nem sempre seja fácil, é nesse processo que encontramos crescimento e harmonia.

A palavra-chave é introspecção. Para ajudar a acalmar a mente e trazer a razão ao centro, vestir roupas brancas e praticar o silêncio consciente às sextas-feiras pode ser uma ferramenta poderosa. Isso evita conflitos internos e externos, criando espaço para as transformações que estão por vir.

Por desacelerar, olhar para dentro e redescobrir quem você é. Esse é um período de renovação, e cuidar de si é parte essencial desse processo. Aproveite esse tempo para se conectar com você mesma e deixar para trás o que já não ressoa com seu presente.

JANEIRO

Odu Owarin NO ASPECTO *negativo*

<u>ORIXÁ REGENTE:</u> *Iansã*

● LUA NOVA

Lua Vazia: 01/01 03:02h até 01/01 07:49h

01

QUARTA

Confraternização Universal

07h _____

08h _____

09h _____

10h _____

11h _____

12h _____

13h _____

14h _____

15h _____

16h _____

17h _____

18h _____

19h _____

20h _____

21h _____

Que Iansã ilumine seu caminho e traga paz e bênçãos ao seu coração!

ODU DO DIA
Owarin

ACESSE AS
PREVISÕES
DE HOJE

ANOTAÇÕES:

02

QUINTA

Acredite: apesar dos medos, tudo é possível com a força de Xangô!

ODU DO DIA
Ejilaxeborá

ACESSE AS
PREVISÕES
DE HOJE

	07h
	08h
	09h
	10h
	11h
	12h
	13h
	14h
	15h
	16h
	17h
	18h
	19h
	20h
	21h

ANOTAÇÕES:

Odu Ojíologbon NO ASPECTO *negativo*

<u>ORIXÁ REGENTE:</u> *Nanã*

● LUA NOVA
Lua Vazia: 03/01 01:13h até 03/01 12:21h

JANEIRO

03

SEXTA

07h _____

08h _____

09h _____

10h _____

11h _____

12h _____

13h _____

14h _____

15h _____

16h _____

17h _____

18h _____

19h _____

20h _____

21h _____

Abra o seu coração e receba as bênçãos que Nanã está derramando sobre você.

ODU DO DIA
Ojíologbon

ACESSE AS
PREVISÕES
DE HOJE

ANOTAÇÕES:

04

SÁBADO

Que Oxumarê renove sua esperança e lhe inspire com a certeza de dias melhores.

ODU DO DIA
Iká

ACESSE AS
PREVISÕES
DE HOJE

07h

08h

09h

10h

11h

12h

13h

14h

15h

16h

17h

18h

19h

20h

21h

ANOTAÇÕES:

Odu Obeogundá NO ASPECTO *negativo*

ORIXÁ REGENTE: *Obá*

● LUA NOVA

Lua Vazia: 05/01 11:30h até 05/01 16:01h

JANEIRO

05

DOMINGO

07h	
08h	
09h	
10h	
11h	
12h	
13h	
14h	
15h	
16h	
17h	
18h	
19h	
20h	
21h	

ANOTAÇÕES:

O que você busca está mais perto do que imagina! Confie na força de Obá.

ODU DO DIA
Obeogundá

ACESSE AS PREVISÕES DE HOJE

06

SEGUNDA

Dia da Gratidão

Odu Aláfia NO ASPECTO *positivo*

<u>ORIXÁ REGENTE:</u> *Orunmilá*

☾ LUA CRESCENTE

JANEIRO

Confie! Sua fé em Orunmilá será o farol que iluminará os seus caminhos.

ODU DO DIA
Aláfia

ACESSE AS
PREVISÕES
DE HOJE

	07h
	08h
	09h
	10h
	11h
	12h
	13h
	14h
	15h
	16h
	17h
	18h
	19h
	20h
	21h

ANOTAÇÕES:

JANEIRO

Odu Ejíogbê NO ASPECTO *positivo*

ORIXÁ REGENTE: *Xangô Airá*

☾ LUA CRESCENTE

Lua Vazia: 07/01 18:16h até 07/01 19:11h

07

TERÇA
Dia do Leitor

07h _____

08h _____

09h _____

10h _____

11h _____

12h _____

13h _____

14h _____

15h _____

16h _____

17h _____

18h _____

19h _____

20h _____

21h _____

ANOTAÇÕES:

Um novo ciclo de felicidade começa agora! Siga em frente com Xangô Airá ao seu lado.

ODU DO DIA
Ejíogbê

ACESSE AS PREVISÕES DE HOJE

08

QUARTA

Odu Ossá NO ASPECTO *positivo*

ORIXÁ REGENTE: *Obá*

☾ LUA CRESCENTE

JANEIRO

Respire fundo e sinta a proteção de Iansã em cada passo que você dá.

ODU DO DIA

Ossá

ACESSE AS
PREVISÕES
DE HOJE

07h

08h

09h

10h

11h

12h

13h

14h

15h

16h

17h

18h

19h

20h

21h

ANOTAÇÕES:

Odu Ofun NO ASPECTO *positivo*

ORIXÁ REGENTE: *Oxalufã*

☾ LUA CRESCENTE

Lua Vazia: 09/01 19:50h até 09/01 22:06h

09

JANEIRO

QUINTA

07h _____

08h _____

09h _____

10h _____

11h _____

12h _____

13h _____

14h _____

15h _____

16h _____

17h _____

18h _____

19h _____

20h _____

21h _____

ANOTAÇÕES:

Seu coração já conhece o caminho! Agora deixe Oxalufã guiar os seus passos.

ODU DO DIA
Ofun

ACESSE AS
PREVISÕES
DE HOJE

10

SEXTA

Odu Owarin NO ASPECTO *positivo*

ORIXÁ REGENTE: *Iansã*

☾ LUA CRESCENTE

JANEIRO

Hoje é o dia de agir com fé e confiança: Iansã está com você a cada passo!

ODU DO DIA
Owarin

ACESSE AS
PREVISÕES
DE HOJE

07h

08h

09h

10h

11h

12h

13h

14h

15h

16h

17h

18h

19h

20h

21h

ANOTAÇÕES:

JANEIRO

Odu Ejilaxeborá NO ASPECTO *positivo*

<u>ORIXÁ REGENTE</u>: *Xangô*

☾ LUA CRESCENTE

Lua Vazia: 11/01 21:03h até 12/01 01:24h

11

SÁBADO

07h

08h

09h

10h

11h

12h

13h

14h

15h

16h

17h

18h

19h

20h

21h

Siga em frente e confie no poder transformador de Xangô em seus caminhos!

ODU DO DIA
Ejilaxeborá

ACESSE AS
PREVISÕES
DE HOJE

ANOTAÇÕES:

12

Odu Ojíologbon NO ASPECTO *positivo*

ORIXÁ REGENTE: *Nanã*

☾ LUA CRESCENTE
Lua Vazia: 11/01 21:03h até 12/01 01:24h

JANEIRO

Por hoje e sempre, que Nanã traga leveza e clareza aos seus pensamentos.

ODU DO DIA
Ojíologbon

ACESSE AS
PREVISÕES
DE HOJE

	07h
	08h
	09h
	10h
	11h
	12h
	13h
	14h
	15h
	16h
	17h
	18h
	19h
	20h
	21h

ANOTAÇÕES:

JANEIRO

Odu Iká NO ASPECTO *positivo*

ORIXÁ REGENTE: *Iyewá*

○ LUA CHEIA

13

SEGUNDA

07h _____

_____

08h _____

_____

09h _____

_____

10h _____

_____

11h _____

_____

12h _____

_____

13h _____

_____

14h _____

_____

15h _____

_____

16h _____

_____

17h _____

_____

18h _____

_____

19h _____

_____

20h _____

_____

21h _____

_____

ANOTAÇÕES:

Cada desafio é uma oportunidade de crescimento. Deixe Iyewá lhe ensinar a viver.

ODU DO DIA
Iká

ACESSE AS
PREVISÕES
DE HOJE

14

TERÇA

Odu Obeogundá NO ASPECTO *positivo*

ORIXÁ REGENTE: *Obá*

O LUA CHEIA
Lua Vazia: 14/01 01:45h até 14/01 06:12h

JANEIRO

Acalme-se. O amor e a proteção de Obá estarão em cada detalhe do seu dia.

ODU DO DIA
Obeogundá

ACESSE AS
PREVISÕES
DE HOJE

	07h
	08h
	09h
	10h
	11h
	12h
	13h
	14h
	15h
	16h
	17h
	18h
	19h
	20h
	21h

ANOTAÇÕES:

Odu Aláfia NO ASPECTO *positivo*

<u>ORIXÁ REGENTE:</u> *Orunmilá*

O LUA CHEIA

JANEIRO

15

QUARTA

07h _____

08h _____

09h _____

10h _____

11h _____

12h _____

13h _____

14h _____

15h _____

16h _____

17h _____

18h _____

19h _____

20h _____

21h _____

Caminhe com confiança e coragem! Orunmilá já preparou o melhor para você.

ODU DO DIA *Aláfia*

ACESSE AS
PREVISÕES
DE HOJE

ANOTAÇÕES:

16

QUINTA

Odu Ejionilé NO ASPECTO *negativo*

ORIXÁ REGENTE: *Oxoguiã*

O LUA CHEIA

Lua Vazia: 16/01 01:10h até 16/01 13:46h

JANEIRO

Hoje, Oxoguiã sussurra em seu ouvido: você é capaz de tudo. Acredite e vença!

ODU DO DIA
Ejionilé

ACESSE AS
PREVISÕES
DE HOJE

	07h
	08h
	09h
	10h
	11h
	12h
	13h
	14h
	15h
	16h
	17h
	18h
	19h
	20h
	21h

ANOTAÇÕES:

Odu Ossá NO ASPECTO *positivo*

ORIXÁ REGENTE: *Obá*

O LUA CHEIA

JANEIRO

17

SEXTA

07h _____

08h _____

09h _____

10h _____

11h _____

12h _____

13h _____

14h _____

15h _____

16h _____

17h _____

18h _____

19h _____

20h _____

21h _____

_____

ANOTAÇÕES:

Acredite: as bênçãos de Obá são infinitas e estão sempre ao seu alcance.

ODU DO DIA

Ossá

ACESSE AS
PREVISÕES
DE HOJE

18

SÁBADO

Odu Ofun NO ASPECTO *positivo*

<u>ORIXÁ REGENTE</u>: *Oxalufã*

O LUA CHEIA
Lua Vazia: 18/01 23:01h até 19/01 00:33h

JANEIRO

Que sua alma floresça com as bênçãos que Oxalufã semeou em seu caminho.

ODU DO DIA
Ofun

ACESSE AS
PREVISÕES
DE HOJE

07h

08h

09h

10h

11h

12h

13h

14h

15h

16h

17h

18h

19h

20h

21h

ANOTAÇÕES:

Odu Ejiokô NO ASPECTO *positivo*

<u>ORIXÁ REGENTE</u>: *Ibeji*

○ LUA CHEIA
Lua Vazia: 18/01 23:01h até 19/01 00:33h

JANEIRO

19

DOMINGO

07h _____

08h _____

09h _____

10h _____

11h _____

12h _____

13h _____

14h _____

15h _____

16h _____

17h _____

18h _____

19h _____

20h _____

21h _____

Permita que Ibeji cure as feridas do passado e abra as portas da felicidade.

ODU DO DIA
Ejiokô

ACESSE AS
PREVISÕES
DE HOJE

ANOTAÇÕES:

20

SEGUNDA

Odu Ejilaxeborá NO ASPECTO *positivo*

ORIXÁ REGENTE: *Xangô*

O LUA CHEIA

JANEIRO

Dia de São Sebastião / Dia dos Caboclos / Dia de Oxóssi

Seu coração está cheio de luz!
Agora é Xangô quem guia seus passos.

ODU DO DIA
Ejilaxeborá

ACESSE AS
PREVISÕES
DE HOJE

07h

08h

09h

10h

11h

12h

13h

14h

15h

16h

17h

18h

19h

20h

21h

ANOTAÇÕES:

JANEIRO

Odu Ojíologbon NO ASPECTO *negativo*

ORIXÁ REGENTE: *Nanã*

☽ LUA MINGUANTE

Lua Vazia: 21/01 01:33h até 21/01 13:20h

21

TERÇA

Dia Mundial das Religiões

07h _____

08h _____

09h _____

10h _____

11h _____

12h _____

13h _____

14h _____

15h _____

16h _____

17h _____

18h _____

19h _____

20h _____

21h _____

ANOTAÇÕES:

Confie: Nanã já abriu os caminhos que levarão ao seu sucesso.

ODU DO DIA
Ojíologbon

ACESSE AS
PREVISÕES
DE HOJE

22

QUARTA

Cada novo amanhecer é um presente de Iyewá: aproveite com gratidão.

ODU DO DIA
Iká

ACESSE AS
PREVISÕES
DE HOJE

07h

08h

09h

10h

11h

12h

13h

14h

15h

16h

17h

18h

19h

20h

21h

ANOTAÇÕES:

JANEIRO

Odu Obeogundá NO ASPECTO *negativo*

<u>ORIXÁ REGENTE</u>: *Obá*

☽ LUA MINGUANTE
Lua Vazia: 23/01 21:03h até 24/01 01:29h

23
QUINTA

07h _____

08h _____

09h _____

10h _____

11h _____

12h _____

13h _____

14h _____

15h _____

16h _____

17h _____

18h _____

19h _____

20h _____

21h _____

Que Obá lhe traga serenidade para enfrentar os desafios do caminho.

ODU DO DIA
Obeogundá

ACESSE AS
PREVISÕES
DE HOJE

ANOTAÇÕES:

24

SEXTA

Odu Aláfia NO ASPECTO *negativo*

ORIXÁ REGENTE: *Orunmilá*

☽ LUA MINGUANTE
Lua Vazia: 23/01 21:03h até 24/01 01:29h

JANEIRO

Você é forte e capaz! Deixe Orunmilá revelar essa força dentro de você.

ODU DO DIA
Aláfia

ACESSE AS
PREVISÕES
DE HOJE

07h

08h

09h

10h

11h

12h

13h

14h

15h

16h

17h

18h

19h

20h

21h

ANOTAÇÕES:

Odu Ejionilé NO ASPECTO *negativo*

ORIXÁ REGENTE: *Oxoguiã*

☽ LUA MINGUANTE

25

JANEIRO

SÁBADO

07h _____

08h _____

09h _____

10h _____

11h _____

12h _____

13h _____

14h _____

15h _____

16h _____

17h _____

18h _____

19h _____

20h _____

21h _____

Hoje e sempre, é Oxoguiã quem guia seus passos para a vitória!

ODU DO DIA
Ejionilé

ACESSE AS
PREVISÕES
DE HOJE

ANOTAÇÕES:

26

DOMINGO

Odu Ossá NO ASPECTO *negativo*

<u>ORIXÁ REGENTE:</u> *Iyewá*

☾ LUA MINGUANTE

Lua Vazia: 26/01 06:39h até 26/01 10:42h

JANEIRO

Felicidade e abundância são as promessas que Iemanjá reservou para você. Receba!

ODU DO DIA

Ossá

ACESSE AS
PREVISÕES
DE HOJE

| 07h |
| 08h |
| 09h |
| 10h |
| 11h |
| 12h |
| 13h |
| 14h |
| 15h |
| 16h |
| 17h |
| 18h |
| 19h |
| 20h |
| 21h |

ANOTAÇÕES:

JANEIRO

Odu Ofun NO ASPECTO *negativo*

ORIXÁ REGENTE: *Oxalufã*

☽ LUA MINGUANTE

27

SEGUNDA

07h _____

08h _____

09h _____

10h _____

11h _____

12h _____

13h _____

14h _____

15h _____

16h _____

17h _____

18h _____

19h _____

20h _____

21h _____

_____

ANOTAÇÕES:

Que sua alma seja tocada pela graça de Oxalufã e floresça em alegria.

ODU DO DIA *Ofun*

ACESSE AS
PREVISÕES
DE HOJE

28

TERÇA

Odu Ejiokô NO ASPECTO *negativo*

Orixá Regente: *Omolu*

☽ LUA MINGUANTE
Lua Vazia: 28/01 12:48h até 28/01 16:31h

JANEIRO

Cada despertar é uma nova chance
que Omolu lhe oferece para ser feliz.

ODU DO DIA
Ejiokô

ACESSE AS
PREVISÕES
DE HOJE

07h

08h

09h

10h

11h

12h

13h

14h

15h

16h

17h

18h

19h

20h

21h

ANOTAÇÕES:

Odu Ogundá NO ASPECTO *negativo*

ORIXÁ REGENTE: *Ogum*

● LUA NOVA

29

JANEIRO

QUARTA

07h _____

08h _____

09h _____

10h _____

11h _____

12h _____

13h _____

14h _____

15h _____

16h _____

17h _____

18h _____

19h _____

20h _____

21h _____

ANOTAÇÕES:

A força que você precisa já está dentro de você: é Ogum quem lhe fortalece.

ODU DO DIA
Ogundá

ACESSE AS
PREVISÕES
DE HOJE

30

QUINTA

Odu Ojiologbon NO ASPECTO *negativo*

ORIXÁ REGENTE: *Nanã*

● LUA NOVA

Lua Vazia: 30/01 08:29h até 30/01 19:52h

JANEIRO

Que sua caminhada seja abençoada por Nanã e você alcance grandes realizações.

ODU DO DIA
Ojiologbon

ACESSE AS
PREVISÕES
DE HOJE

07h

08h

09h

10h

11h

12h

13h

14h

15h

16h

17h

18h

19h

20h

21h

ANOTAÇÕES:

Odu Iká NO ASPECTO *positivo*

<u>ORIXÁ REGENTE:</u> *Iyewá*

● LUA NOVA

JANEIRO

31

SEXTA

07h _____

08h _____

09h _____

10h _____

11h _____

12h _____

13h _____

14h _____

15h _____

16h _____

17h _____

18h _____

19h _____

20h _____

21h _____

ANOTAÇÕES:

Não há o que temer! A força de Iyewá cuida de cada detalhe do seu dia.

ODU DO DIA *Iká*

ACESSE AS
PREVISÕES
DE HOJE

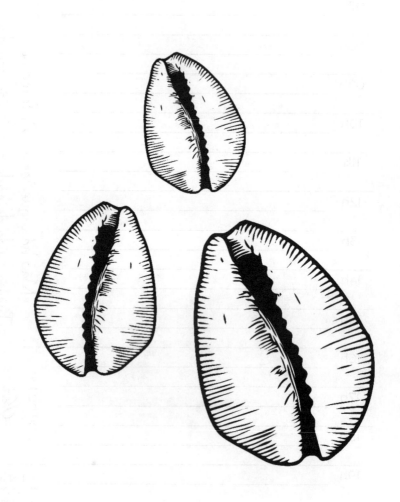

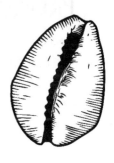
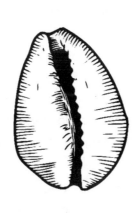

FEVEREIRO

ODU DO MÊS: OWARIN

Caminhos solitários não trazem discórdias

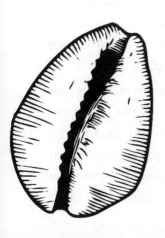

Previsões para Fevereiro

Sob a influência do Odu Owarin, o mês traz as oportunidades de realização de grandes projetos e um impulso positivo para alcançar nossos objetivos. Mas, para que isso se torne realidade, é essencial ter os pés firmes no chão, traçar metas claras e organizar cada passo com cuidado. Sonhar é importante, mas agir sabendo o que fazer a cada etapa do caminho e, principalmente, onde se quer chegar é o que trará os resultados que tanto esperamos.

Exu e Iansã, com suas energias intensas, também nos alertam para os desafios que podem surgir. Owarin traz consigo a possibilidade de acidentes inesperados e perigos à vida, então, é fundamental que redobremos os cuidados, especialmente ao sair à noite ou em situações de conflito.

As influências do Odu Ossá, regente do ano, em combinação com o Odu Owarin, também pode gerar desequilíbrios nos relacionamentos pessoais, profissionais ou amorosos. Com isso, este é o momento ideal para buscar orientação do Jogo de Búzios, oferendando aos Orixás de forma adequada.

Owarin é um Odu de extremos. Em seu lado positivo, ele pode trazer grande sorte e resultados financeiros surpreendentes, especialmente quando nos conectamos com Ajê Salunga, Orixá da riqueza material. Mas, em seu aspecto negativo, pode ser um mensageiro de tragédias inesperadas. Evitar contratos complexos e disputas legais neste período e no próximo mês pode nos resguardar de ingratidões e decepções.

Para atrair as bênçãos de Owarin, existe um ritual simples e poderoso: na virada de sexta para sábado, durante a lua crescente ou cheia, prepare um banho especial com água de cachoeira, cristais e o perfume que você mais gosta. Dissolva um acaçá nessa mistura e aplique o banho da cabeça aos pés. Esse gesto, além de purificar, atrairá a sorte e a proteção que tanto desejamos.

Odu Ejilaxeborá NO ASPECTO *positivo*

<u>Orixá Regente</u>: *Xangô*

● LUA NOVA

Lua Vazia: 01/02 19:06h até 01/02 22:10h

FEVEREIRO

01

SÁBADO

07h _____

08h _____

09h _____

10h _____

11h _____

12h _____

13h _____

14h _____

15h _____

16h _____

17h _____

18h _____

19h _____

20h _____

21h _____

Tudo se renova! Deixe Xangô guiar suas escolhas e sua jornada.

ODU DO DIA
Ejilaxeborá

ACESSE AS
PREVISÕES
DE HOJE

ANOTAÇÕES:

02

DOMINGO

Dia de Iemanjá

Odu Ojíologbon NO ASPECTO *negativo*

<u>ORIXÁ REGENTE</u>: *Nanã*

● LUA NOVA

FEVEREIRO

Você está exatamente onde deveria estar.
Acredite nas bênçãos de Nanã!

ODU DO DIA
Ojíologbon

ACESSE AS
PREVISÕES
DE HOJE

07h

08h

09h

10h

11h

12h

13h

14h

15h

16h

17h

18h

19h

20h

21h

ANOTAÇÕES:

Odu Iká NO ASPECTO *negativo*

Orixá Regente: *Oxumarê*

● LUA NOVA
Lua Vazia: 03/02 07.19h até 04/02 00:33h

03

FEVEREIRO

SEGUNDA

07h	
08h	
09h	
10h	
11h	
12h	
13h	
14h	
15h	
16h	
17h	
18h	
19h	
20h	
21h	

Que seu dia seja repleto de paz sob a proteção de Oxumarê.

ODU DO DIA
Iká

ACESSE AS
PREVISÕES
DE HOJE

ANOTAÇÕES:

04

TERÇA

FEVEREIRO

Sua intuição é a bússola que
Obá usa para guiar seus passos.

ODU DO DIA
Obeogundá

ACESSE AS
PREVISÕES
DE HOJE

	07h
	08h
	09h
	10h
	11h
	12h
	13h
	14h
	15h
	16h
	17h
	18h
	19h
	20h
	21h

ANOTAÇÕES:

Odu Aláfia NO ASPECTO *positivo*

ORIXÁ REGENTE: *Orunmilá*

☾ LUA CRESCENTE

FEVEREIRO

05

QUARTA

07h

08h

09h

10h

11h

12h

13h

14h

15h

16h

17h

18h

19h

20h

21h

Siga em frente e confie no tempo de Orunmilá: o que é seu está a caminho.

ODU DO DIA
Aláfia

ACESSE AS
PREVISÕES
DE HOJE

ANOTAÇÕES:

06

QUINTA

 *Odu Ejíogbê* NO ASPECTO *positivo*

ORIXÁ REGENTE: *Xangô Airá*

☾ LUA CRESCENTE

Lua Vazia: 06/02 00:29h até 06/02 03:44h

FEVEREIRO

Que sua vida floresça com as bênçãos que Xangô Airá plantou em seu destino.

ODU DO DIA
Ejíogbê

ACESSE AS
PREVISÕES
DE HOJE

07h

08h

09h

10h

11h

12h

13h

14h

15h

16h

17h

18h

19h

20h

21h

ANOTAÇÕES:

Odu Ossá NO ASPECTO *positivo*

ORIXÁ REGENTE: *Obá*

☾ LUA CRESCENTE

FEVEREIRO

07

SEXTA

07h

08h

09h

10h

11h

12h

13h

14h

15h

16h

17h

18h

19h

20h

21h

Acredite! A serenidade de Obá lhe trará clareza e paz no dia de hoje.

ODU DO DIA
Ossá

ACESSE AS
PREVISÕES
DE HOJE

ANOTAÇÕES:

08

SÁBADO

Odu Ofun NO ASPECTO *positivo*

ORIXÁ REGENTE: *Oxalufã*

☾ LUA CRESCENTE

Lua Vazia: 08/02 04:52h até 08/02 08:04h

FEVEREIRO

Siga em confiança! A luz de Oxalufã está mostrando o melhor caminho.

ODU DO DIA
Ofun

ACESSE AS
PREVISÕES
DE HOJE

07h

08h

09h

10h

11h

12h

13h

14h

15h

16h

17h

18h

19h

20h

21h

ANOTAÇÕES:

Odu Ejiokô NO ASPECTO *positivo*

<u>ORIXÁ REGENTE</u>: *Ibeji*

☾ LUA CRESCENTE

FEVEREIRO

09

DOMINGO

07h _____

08h _____

09h _____

10h _____

11h _____

12h _____

13h _____

14h _____

15h _____

16h _____

17h _____

18h _____

19h _____

20h _____

21h _____

ANOTAÇÕES:

O poder de Ibeji vive dentro de você: use-o para transformar o seu dia.

ODU DO DIA
Ejiokô

ACESSE AS
PREVISÕES
DE HOJE

10

SEGUNDA

Odu Ejilaxeborá NO ASPECTO *positivo*

ORIXÁ REGENTE: *Xangô*

☾ LUA CRESCENTE

Lua Vazia: 10/02 10:49h até 10/02 14:00h

FEVEREIRO

Que o amor e a sabedoria de Xangô guiem seus passos hoje e sempre.

ODU DO DIA
Ejilaxeborá

ACESSE AS
PREVISÕES
DE HOJE

07h

08h

09h

10h

11h

12h

13h

14h

15h

16h

17h

18h

19h

20h

21h

ANOTAÇÕES:

Odu Ojiologbon NO ASPECTO *positivo*

ORIXÁ REGENTE: *Nanã*

☾ LUA CRESCENTE

FEVEREIRO

11

TERÇA

07h

08h

09h

10h

11h

12h

13h

14h

15h

16h

17h

18h

19h

20h

21h

Você é capaz de muito mais do que imagina! Nanã é quem comanda o seu destino!

ODU DO DIA
Ojiologbon

ACESSE AS
PREVISÕES
DE HOJE

ANOTAÇÕES:

12

QUARTA

Hoje é o dia perfeito para recomeçar!
Acredite: Iyewá está com você.

ODU DO DIA
Iká

ACESSE AS
PREVISÕES
DE HOJE

	07h
	08h
	09h
	10h
	11h
	12h
	13h
	14h
	15h
	16h
	17h
	18h
	19h
	20h
	21h

ANOTAÇÕES:

Odu Obeogundá NO ASPECTO *positivo*

ORIXÁ REGENTE: *Obá*

O LUA CHEIA

FEVEREIRO

13

QUINTA

07h

08h

09h

10h

11h

12h

13h

14h

15h

As bênçãos de Obá se manifestam em sua vida. Fé e confiança sempre!

16h

17h

18h

ODU DO DIA
Obeogundá

19h

20h

21h

ACESSE AS PREVISÕES DE HOJE

ANOTAÇÕES:

14

SEXTA

Odu Aláfia NO ASPECTO *positivo*

ORIXÁ REGENTE: *Orunmilá*

O LUA CHEIA

FEVEREIRO

Acalme o coração e deixe-se curar pela força de Orunmilá em sua vida.

ODU DO DIA
Aláfia

ACESSE AS
PREVISÕES
DE HOJE

07h

08h

09h

10h

11h

12h

13h

14h

15h

16h

17h

18h

19h

20h

21h

ANOTAÇÕES:

Odu Ejiogbê NO ASPECTO *positivo*

<u>ORIXÁ REGENTE</u>: *Xangô Airá*

FEVEREIRO

O LUA CHEIA
Lua Vazia: 15/02 05:35h até 15/02 08:45h

15

SÁBADO

07h _____

08h _____

09h _____

10h _____

11h _____

12h _____

13h _____

14h _____

15h _____

16h _____

17h _____

18h _____

19h _____

20h _____

21h _____

Erga a cabeça! Sua fé em Xangô Airá lhe trará a força necessária para vencer qualquer desafio.

ODU DO DIA
Ejiogbê

ACESSE AS
PREVISÕES
DE HOJE

ANOTAÇÕES:

16

DOMINGO

Pelo dia de hoje e sempre, que Iansã preencha seu dia com alegria e gratidão.

ODU DO DIA
Ossá

ACESSE AS
PREVISÕES
DE HOJE

07h

08h

09h

10h

11h

12h

13h

14h

15h

16h

17h

18h

19h

20h

21h

ANOTAÇÕES:

Odu Ofun NO ASPECTO *positivo*

<u>Orixá Regente:</u> *Oxalufã*

○ LUA CHEIA
Lua Vazia: 17/02 20:24h até 17/02 21:19h

FEVEREIRO

17

SEGUNDA

07h _____

08h _____

09h _____

10h _____

11h _____

12h _____

13h _____

14h _____

15h _____

16h _____

17h _____

18h _____

19h _____

20h _____

21h _____

A vitória está chegando!
Confie no plano que Oxalufã preparou
especialmente para você.

ODU DO DIA
Ofun

ACESSE AS
PREVISÕES
DE HOJE

ANOTAÇÕES:

18

TERÇA

O universo conspira a seu favor!
Deixe Ibeji guiar seus passos
e siga em frente.

ODU DO DIA
Ejiôkô

ACESSE AS
PREVISÕES
DE HOJE

	07h
	08h
	09h
	10h
	11h
	12h
	13h
	14h
	15h
	16h
	17h
	18h
	19h
	20h
	21h

ANOTAÇÕES:

Odu Ogundá NO ASPECTO *positivo*

ORIXÁ REGENTE: *Ogum*

O LUA CHEIA

FEVEREIRO

19

QUARTA

07h _____

08h _____

09h _____

10h _____

11h _____

12h _____

13h _____

14h _____

15h _____

16h _____

17h _____

18h _____

19h _____

20h _____

21h _____

ANOTAÇÕES:

Acredite: a cada novo dia, Ogum lhe oferece uma nova chance para ser feliz.

ODU DO DIA
Ogundá

ACESSE AS PREVISÕES DE HOJE

20

QUINTA

Odu Ojíologbon NO ASPECTO *negativo*

ORIXÁ REGENTE: *Nanã*

☽ LUA MINGUANTE

Lua Vazia: 20/02 07:05h até 20/02 09:54h

FEVEREIRO

Que sua caminhada seja leve e seu coração
lhe permita receber as bênçãos de Nanã.

ODU DO DIA
Ojíologbon

ACESSE AS
PREVISÕES
DE HOJE

	07h
	08h
	09h
	10h
	11h
	12h
	13h
	14h
	15h
	16h
	17h
	18h
	19h
	20h
	21h

ANOTAÇÕES:

Odu Iká NO ASPECTO *negativo*

ORIXÁ REGENTE: *Iyewá*

☽ LUA MINGUANTE

FEVEREIRO

21

SEXTA

07h _____

08h _____

09h _____

10h _____

11h _____

12h _____

13h _____

14h _____

15h _____

Fé e determinação hoje e sempre! Você está no caminho certo e Iyewá está ao seu lado.

16h _____

17h _____

18h _____

ODU DO DIA *Iká*

19h _____

ACESSE AS PREVISÕES DE HOJE

20h _____

21h _____

ANOTAÇÕES:

22

SÁBADO

Odu Obeggundá NO ASPECTO *negativo*

ORIXÁ REGENTE: *Obá*

☽ LUA MINGUANTE
Lua Vazia: 22/02 17:38h até 22/02 20:08h

FEVEREIRO

A proteção de Obá está com você! Siga em frente com coragem e conquiste o impossível.

ODU DO DIA
Obeggundá

ACESSE AS
PREVISÕES
DE HOJE

	07h
	08h
	09h
	10h
	11h
	12h
	13h
	14h
	15h
	16h
	17h
	18h
	19h
	20h
	21h

ANOTAÇÕES:

Odu Aláfia NO ASPECTO *negativo*

ORIXÁ REGENTE: *Orunmilá*

☾ LUA MINGUANTE

FEVEREIRO

23

DOMINGO

07h _____

08h _____

09h _____

10h _____

11h _____

12h _____

13h _____

14h _____

15h _____

16h _____

17h _____

18h _____

19h _____

20h _____

21h _____

Apesar dos desafios, a cada dia Orunmilá lhe dá a oportunidade de ser ainda mais forte.

ODU DO DIA *Aláfia*

ACESSE AS PREVISÕES DE HOJE

ANOTAÇÕES:

24

SEGUNDA

Odu Ejionilé NO ASPECTO *negativo*

ORIXÁ REGENTE: *Oxoguiã*

☽ LUA MINGUANTE

FEVEREIRO

Um novo dia raiou! Que a luz de Oxoguiã ilumine seu coração para vencer as incertezas.

ODU DO DIA
Ejionilé

ACESSE AS
PREVISÕES
DE HOJE

07h

08h

09h

10h

11h

12h

13h

14h

15h

16h

17h

18h

19h

20h

21h

ANOTAÇÕES:

Odu Ossá NO ASPECTO *negativo*

ORIXÁ REGENTE: *Iansã*

☽ LUA MINGUANTE

Lua Vazia: 25/02 00:28h até 25/02 02:40h

FEVEREIRO

25

TERÇA

07h _____

08h _____

09h _____

10h _____

11h _____

12h _____

13h _____

14h _____

15h _____

16h _____

17h _____

18h _____

19h _____

20h _____

21h _____

Você é guiado pela sabedoria de Iyewá em todos os momentos. Confie na sua intuição.

ODU DO DIA *Ossá*

ACESSE AS
PREVISÕES
DE HOJE

ANOTAÇÕES:

26

QUARTA

Odu Ofun NO ASPECTO *negativo*

ORIXÁ REGENTE: *Oxalufã*

☽ LUA MINGUANTE

Lua Vazia: 26/02 19:04h até 27/02 05:46h

FEVEREIRO

A paz que você busca está dentro de você! Oxalufã lhe ajudará a encontrá-la.

ODU DO DIA
Ofun

ACESSE AS
PREVISÕES
DE HOJE

	07h
	08h
	09h
	10h
	11h
	12h
	13h
	14h
	15h
	16h
	17h
	18h
	19h
	20h
	21h

ANOTAÇÕES:

Odu Ejiokô NO ASPECTO *negativo*

ORIXÁ REGENTE: *Exu Eleguá*

☽ LUA MINGUANTE

Lua Vazia: 26/02 19:04h até 27/02 05:46h

FEVEREIRO

27

QUINTA

07h _____

08h _____

09h _____

10h _____

11h _____

12h _____

13h _____

14h _____

15h _____

16h _____

17h _____

18h _____

19h _____

20h _____

21h _____

Respire fundo! A força de Omolu lhe conduzirá pelos caminhos da sabedoria e do amor.

ODU DO DIA
Ejiokô

ACESSE AS
PREVISÕES
DE HOJE

ANOTAÇÕES:

28

SEXTA

Odu Ogundá NO ASPECTO *negativo*

ORIXÁ REGENTE: *Ogum*

● LUA NOVA

FEVEREIRO

Com dúvidas ou com certezas, hoje é o dia de confiar no que Ogum preparou para você.

ODU DO DIA
Ogundá

ACESSE AS
PREVISÕES
DE HOJE

07h

08h

09h

10h

11h

12h

13h

14h

15h

16h

17h

18h

19h

20h

21h

ANOTAÇÕES:

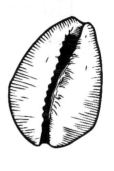

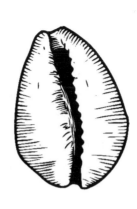

MARÇO

Odu do mês: Ejilaxeborá

Na balança da vida, o que pesa é a verdade

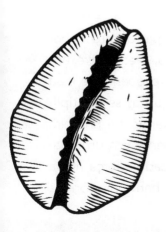

Previsões para Março

Sob a influência vibrante do Odu Ejilaxeborá e das energias alegres e intensas de Xangô e Ibeji, há um clima de celebração no ar. Depois de tantos desafios, finalmente pudéssemos respirar e reconhecer nossas vitórias. Os obstáculos que pareciam intransponíveis estão ficando para trás, dando espaço para conquistas que devemos saborear com gratidão.

Porém, mesmo em meio às celebrações, é importante observar os aspectos práticos da vida, principalmente no que diz respeito a parcerias comerciais e profissionais. O entusiasmo deste período pode nos fazer sonhar alto, mas precisamos lembrar que os sonhos vêm acompanhados de responsabilidades. Se houver contratos a serem assinados ou decisões profissionais a serem tomadas, reserve um tempo para analisar cada detalhe com cautela. Para quem está envolvida em questões judiciais ou negociações importantes, é recomendado consultar o Jogo de Búzios e realizar os rituais necessários para garantir que a justiça e a verdade prevaleçam.

Além disso, como bem nos lembra o Odu Ejilaxeborá, mesmo em tempos de abundância, é necessário manter o equilíbrio tal como se equilibra a balança de Xangô. Aproveitar os prazeres da vida é maravilhoso, desde que mantenhamos o discernimento sobre o que nos faz bem de verdade.

Este mês também nos lembra da importância de honrar nossa palavra e as promessas que fizemos no passado, reconhecendo as bênçãos que recebemos até aqui. Retribuir é um gesto poderoso. Ao dar, estamos também recebendo, e essa troca de energia faz com que nossas conquistas se multipliquem. Como forma de agradecimento a Xangô, na primeira quarta-feira do mês, ofereça um amalá quente em uma gamela. Esse gesto simples e cheio de significado reforça nossa conexão com o sagrado e nos mantém em harmonia com as forças que nos guiam.

Odu Ojiologbon NO ASPECTO *negativo*

ORIXÁ REGENTE: *Nanã*

● LUA NOVA
Lua Vazia: 01/03 05:05h até 01/03 06:52h

MARÇO

01

SÁBADO

07h _____

08h _____

09h _____

10h _____

11h _____

12h _____

13h _____

14h _____

15h _____

16h _____

17h _____

18h _____

19h _____

20h _____

21h _____

Mantenha a calma. Nanã renovará sua esperança e lhe mostrará que tudo é possível.

ODU DO DIA
Ojiologbon

ACESSE AS
PREVISÕES
DE HOJE

ANOTAÇÕES:

02

DOMINGO

Odu Iká NO ASPECTO *negativo*

ORIXÁ REGENTE: *Iyewá*

● LUA NOVA

Lua Vazia: 02/03 10:52h até 03/03 07:36h

MARÇO

O poder de Oxumarê está sempre presente! Confie e siga em frente com fé e confiança.

ODU DO DIA
Iká

ACESSE AS
PREVISÕES
DE HOJE

	07h
	08h
	09h
	10h
	11h
	12h
	13h
	14h
	15h
	16h
	17h
	18h
	19h
	20h
	21h

ANOTAÇÕES:

Odu Obeogundá NO ASPECTO *negativo*

ORIXÁ REGENTE: *Obá*

● LUA NOVA
Lua Vazia: 02/03 10:52h até 03/03 07:36h

MARÇO

03

SEGUNDA
Carnaval

07h _____

08h _____

09h _____

10h _____

11h _____

12h _____

13h _____

14h _____

15h _____

16h _____

17h _____

18h _____

19h _____

20h _____

21h _____

ANOTAÇÕES:

As bênçãos de Obá estão chegando em sua vida: aceite-as e conquista seus sonhos.

ODU DO DIA
Obeogundá

ACESSE AS
PREVISÕES
DE HOJE

04

TERÇA
Carnaval

Odu Aláfia NO ASPECTO *positivo*

ORIXÁ REGENTE: *Orunmilá*

● LUA NOVA

MARÇO

Sua jornada é guiada por Orunmilá! Acredite no que está por vir e siga em frente.

ODU DO DIA *Aláfia*

ACESSE AS PREVISÕES DE HOJE

	07h
	08h
	09h
	10h
	11h
	12h
	13h
	14h
	15h
	16h
	17h
	18h
	19h
	20h
	21h

ANOTAÇÕES:

Odu Ejíogbê NO ASPECTO *positivo*

ORIXÁ REGENTE: *Xangô Airá*

● LUA NOVA

Lua Vazia: 05/03 07:53h até 05/03 09:29h

MARÇO

05

QUARTA

Dia de Cinzas

07h _____

08h _____

09h _____

10h _____

11h _____

12h _____

13h _____

14h _____

15h _____

16h _____

17h _____

18h _____

19h _____

20h _____

21h _____

ANOTAÇÕES:

Nenhuma dor é para sempre! Que Xangô Airá lhe encha de coragem para enfrentar qualquer desafio.

ODU DO DIA
Ejíogbê

ACESSE AS
PREVISÕES
DE HOJE

06

QUINTA

Odu Ossá NO ASPECTO *positivo*

<u>ORIXÁ REGENTE:</u> *Obá*

☾ LUA CRESCENTE

MARÇO

Fé, coragem e esperança!
O amor e a proteção de Iansã
estão em cada passo que você dá.

ODU DO DIA
Ossá

ACESSE AS
PREVISÕES
DE HOJE

07h

08h

09h

10h

11h

12h

13h

14h

15h

16h

17h

18h

19h

20h

21h

ANOTAÇÕES:

MARÇO

Odu Ofun NO ASPECTO *positivo*

<u>ORIXÁ REGENTE:</u> *Oxalufã*

☾ LUA CRESCENTE

Lua Vazia: 07/03 11:57h até 07/03 13:29h

07

SEXTA

07h _____

08h _____

09h _____

10h _____

11h _____

12h _____

13h _____

14h _____

15h _____

16h _____

17h _____

18h _____

19h _____

20h _____

21h _____

Que o caminho à sua frente seja repleto de paz e realizações, Oxalufã está ao seu lado.

ODU DO DIA
Ofun

ACESSE AS
PREVISÕES
DE HOJE

ANOTAÇÕES:

08

SÁBADO

Odu Ejiokô NO ASPECTO *positivo*

ORIXÁ REGENTE: *Ibeji*

☾ LUA CRESCENTE

Dia Internacional da Mulher

MARÇO

Tudo se ajeitará no tempo de Ogum. Hoje, permita-se ser guiado por sua sabedoria.

ODU DO DIA
Ejiokô

ACESSE AS
PREVISÕES
DE HOJE

07h

08h

09h

10h

11h

12h

13h

14h

15h

16h

17h

18h

19h

20h

21h

ANOTAÇÕES:

MARÇO

Odu Ogundá NO ASPECTO *positivo*

ORIXÁ REGENTE: *Ogum*

☾ LUA CRESCENTE

Lua Vazia: 09/03 18:32h até 09/03 19:59h

09

DOMINGO

07h _____

08h _____

09h _____

10h _____

11h _____

12h _____

13h _____

14h _____

15h _____

Coração em paz e cabeça erguia: cada manhã é uma nova chance de Ogum para você ser feliz.

16h _____

17h _____

18h _____

ODU DO DIA *Ogundá*

19h _____

20h _____

21h _____

ACESSE AS
PREVISÕES
DE HOJE

ANOTAÇÕES:

10

SEGUNDA

Não deixe os medos lhe dominarem. Hoje, Nanã lhe trará as respostas que você tanto procura!

ODU DO DIA
Ojiologbon

ACESSE AS
PREVISÕES
DE HOJE

07h

08h

09h

10h

11h

12h

13h

14h

15h

16h

17h

18h

19h

20h

21h

ANOTAÇÕES:

Odu Iká NO ASPECTO *negativo*

ORIXÁ REGENTE: *Oxumarê*

☾ LUA CRESCENTE
Lua Vazia: 11/03 17:16h até 12/03 04:55h

MARÇO

11

TERÇA

07h _____

08h _____

09h _____

10h _____

11h _____

12h _____

13h _____

14h _____

15h _____

16h _____

17h _____

18h _____

19h _____

20h _____

21h _____

No dia de hoje, Iyewá lhe dará a força necessária para superar qualquer desafio.

ODU DO DIA *Iká*

ACESSE AS
PREVISÕES
DE HOJE

ANOTAÇÕES:

12

QUARTA

Mantenha a fé e siga em frente! Obá está preparando algo maravilhoso para você.

ODU DO DIA
Obeogundá

ACESSE AS
PREVISÕES
DE HOJE

	07h
	08h
	09h
	10h
	11h
	12h
	13h
	14h
	15h
	16h
	17h
	18h
	19h
	20h
	21h

ANOTAÇÕES:

Odu Aláfia NO ASPECTO *positivo*

ORIXÁ REGENTE: *Orunmilá*

☽ LUA CRESCENTE

MARÇO

13

QUINTA

07h _____

08h _____

09h _____

10h _____

11h _____

12h _____

13h _____

14h _____

15h _____

16h _____

17h _____

18h _____

19h _____

20h _____

21h _____

ANOTAÇÕES:

Meu maior desejo? Que Orunmilá cubra sua vida com prosperidade, amor e paz.

ODU DO DIA
Aláfia

ACESSE AS
PREVISÕES
DE HOJE

14

SEXTA

Odu Ejiogbê NO ASPECTO *positivo*

ORIXÁ REGENTE: *Oxoguiã*

O LUA CHEIA

Lua Vazia: 14/03 14:47h até 14/03 15:59h

MARÇO

Agradeça e siga em frente!
Oxoguiã abrirá os seus caminhos
para a vitória!

ODU DO DIA
Ejiogbê

ACESSE AS
PREVISÕES
DE HOJE

07h

08h

09h

10h

11h

12h

13h

14h

15h

16h

17h

18h

19h

20h

21h

ANOTAÇÕES:

Odu Ossá NO ASPECTO *positivo*

ORIXÁ REGENTE: *Iansã*

O LUA CHEIA

MARÇO

15

SÁBADO

07h _____

08h _____

09h _____

10h _____

11h _____

12h _____

13h _____

14h _____

15h _____

16h _____

17h _____

18h _____

19h _____

20h _____

21h _____

ANOTAÇÕES:

Abra o coração e agradeça: Iansã é quem trará equilíbrio para as suas escolhas!

ODU DO DIA
Ossá

ACESSE AS PREVISÕES DE HOJE

16

DOMINGO

Odu Ofun NO ASPECTO *negativo*

ORIXÁ REGENTE: *Oxalufã*

O LUA CHEIA
Lua Vazia: 16/03 06:53h até 17/03 04:30h

MARÇO

Agradeça, perdoe e não deseje o mal... E Oxalufã quem lhe protege das más influências!

ODU DO DIA
Ofun

ACESSE AS
PREVISÕES
DE HOJE

	07h
	08h
	09h
	10h
	11h
	12h
	13h
	14h
	15h
	16h
	17h
	18h
	19h
	20h
	21h

ANOTAÇÕES:

MARÇO

Odu Ejiokô NO ASPECTO *negativo*

ORIXÁ REGENTE: *Exu Eleguá*

O LUA CHEIA

Lua Vazia: 16/03 06:53h até 17/03 04:30h

17

SEGUNDA

07h _____

08h _____

09h _____

10h _____

11h _____

12h _____

13h _____

14h _____

15h _____

16h _____

17h _____

18h _____

19h _____

20h _____

21h _____

ANOTAÇÕES:

Fé acima de tudo e apesar de tudo! Tenha certeza: Omolu é por você!

ODU DO DIA *Ejiokô*

ACESSE AS PREVISÕES DE HOJE

18

TERÇA

Odu Ogundá NO ASPECTO *positivo*

ORIXÁ REGENTE: *Ogum*

O LUA CHEIA

MARÇO

Enquanto há esperança, há um caminho!
Que Ogum lhe dê felicidade!

ODU DO DIA
Ogundá

ACESSE AS
PREVISÕES
DE HOJE

07h

08h

09h

10h

11h

12h

13h

14h

15h

16h

17h

18h

19h

20h

21h

ANOTAÇÕES:

Odu Irossun NO ASPECTO *positivo*

ORIXÁ REGENTE: *Iemanjá*

○ LUA CHEIA
Lua Vazia: 19/03 16:28h até 19/03 17:17h

MARÇO

19

QUARTA

07h _____

08h _____

09h _____

10h _____

11h _____

12h _____

13h _____

14h _____

15h _____

Não há caminhos fechados para quem tem fé e gratidão! Confie em Iemanjá!

16h _____

17h _____

18h _____

ODU DO DIA *Irossun*

19h _____

20h _____

21h _____

ACESSE AS
PREVISÕES
DE HOJE

ANOTAÇÕES:

20

QUINTA
Início do Outono

Odu Iká NO ASPECTO *positivo*

ORIXÁ REGENTE: *Oxumarê*

O LUA CHEIA

MARÇO

Você é capaz de superar todos os desafios! Confie em Oxumarê e transforme o seu dia!

ODU DO DIA
Iká

ACESSE AS
PREVISÕES
DE HOJE

	07h
	08h
	09h
	10h
	11h
	12h
	13h
	14h
	15h
	16h
	17h
	18h
	19h
	20h
	21h

ANOTAÇÕES:

Odu Obeogundá NO ASPECTO *positivo*

ORIXÁ REGENTE: *Obá*

O LUA CHEIA

MARÇO

21

SEXTA

Dia Internacional Contra a Discriminação Racial / Dia Nacional do Candomblé

07h _____

08h _____

09h _____

10h _____

11h _____

12h _____

13h _____

14h _____

15h _____

16h _____

17h _____

18h _____

19h _____

20h _____

21h _____

Felicidade e prosperidade: essas são as promessas de Obá para o seu dia!

ODU DO DIA
Obeogundá

ACESSE AS
PREVISÕES
DE HOJE

ANOTAÇÕES:

22

SÁBADO

Receba as bênçãos de Orunmilá e permita-se ser feliz por existir: você merece!

ODU DO DIA
Aláfia

ACESSE AS
PREVISÕES
DE HOJE

07h

08h

09h

10h

11h

12h

13h

14h

15h

16h

17h

18h

19h

20h

21h

ANOTAÇÕES:

Odu Ejionilé NO ASPECTO *negativo*

ORIXÁ REGENTE: *Oxoguiã*

☽ LUA MINGUANTE

MARÇO

23

DOMINGO

07h _____

08h _____

09h _____

10h _____

11h _____

12h _____

13h _____

14h _____

15h _____

As palavras de Oxoguiã são certeiras: seus caminhos lhe guiarão para a vitória!

16h _____

17h _____

18h _____

ODU DO DIA
Ejionilé

19h _____

20h _____

21h _____

ACESSE AS
PREVISÕES
DE HOJE

ANOTAÇÕES:

24

SEGUNDA

MARÇO

No dia de hoje, que Iyewá cubra seu lar e sua família com a felicidade!

ODU DO DIA
Ossá

ACESSE AS
PREVISÕES
DE HOJE

07h

08h

09h

10h

11h

12h

13h

14h

15h

16h

17h

18h

19h

20h

21h

ANOTAÇÕES:

Odu Ofun NO ASPECTO *negativo*

ORIXÁ REGENTE: *Oxalufã*

☽ LUA MINGUANTE

MARÇO

25

TERÇA

07h

08h

09h

10h

11h

12h

13h

14h

15h

16h

17h

18h

19h

20h

21h

Olhe para os céus e ouça a voz de Oxalufã dizendo: você é capaz de transformar a sua vida!

ODU DO DIA

Ofun

ACESSE AS PREVISÕES DE HOJE

ANOTAÇÕES:

26

QUARTA

Odu Ejiokô NO ASPECTO *negativo*

ORIXÁ REGENTE: *Omolu*

☽ LUA MINGUANTE

Lua Vazia: 26/03 07:15h até 26/03 16:31h

MARÇO

Um pouco de fé e muita coragem: essa é a receita de Exu Eleguá para a sua vitória!

ODU DO DIA
Ejiokô

ACESSE AS
PREVISÕES
DE HOJE

	07h
	08h
	09h
	10h
	11h
	12h
	13h
	14h
	15h
	16h
	17h
	18h
	19h
	20h
	21h

ANOTAÇÕES:

Odu Ogundá NO ASPECTO *negativo*

ORIXÁ REGENTE: *Ogum*

☽ LUA MINGUANTE

MARÇO

27

QUINTA

07h _____

08h _____

09h _____

10h _____

11h _____

12h _____

13h _____

14h _____

15h _____

16h _____

17h _____

18h _____

19h _____

20h _____

21h _____

ANOTAÇÕES:

Se os olhos são o espelho da alma, que Ogum faça os seus brilharem de alegria!

ODU DO DIA
Ogundá

ACESSE AS
PREVISÕES
DE HOJE

28

SEXTA

Odu Irossun NO ASPECTO *negativo*

<u>ORIXÁ REGENTE:</u> *Iemanjá*

☽ LUA MINGUANTE
Lua Vazia: 28/03 17:30h até 28/03 17:36h

MARÇO

Que tal começar o dia sorrindo? Deixe a força de Iemanjá lhe inspirar e guiar o seu destino!

ODU DO DIA
Irossun

ACESSE AS
PREVISÕES
DE HOJE

07h

08h

09h

10h

11h

12h

13h

14h

15h

16h

17h

18h

19h

20h

21h

ANOTAÇÕES:

MARÇO

Odu Oxê NO ASPECTO *positivo*

ORIXÁ REGENTE: *Oxum*

● LUA NOVA

29

SÁBADO

07h _____

08h _____

09h _____

10h _____

11h _____

12h _____

13h _____

14h _____

15h _____

16h _____

17h _____

18h _____

19h _____

20h _____

21h _____

ANOTAÇÕES:

Oxum já determinou e hoje é o seu dia de vencer! Confie: a felicidade chegando!

ODU DO DIA
Oxê

ACESSE AS
PREVISÕES
DE HOJE

30

DOMINGO

 Odu Obeogundá NO ASPECTO *negativo*

ORIXÁ REGENTE: *Obá*

● LUA NOVA
Lua Vazia: 30/03 06:18h até 30/03 17:16h

MARÇO

É nos pequenos sinais do universo que Obá se manifesta, permita-se enxergá-los!

ODU DO DIA
Obeogundá

ACESSE AS
PREVISÕES
DE HOJE

	07h
	08h
	09h
	10h
	11h
	12h
	13h
	14h
	15h
	16h
	17h
	18h
	19h
	20h
	21h

ANOTAÇÕES:

Odu Aláfía NO ASPECTO *positivo*

<u>ORIXÁ REGENTE:</u> *Orunmílá*

● LUA NOVA

31

MARÇO

SEGUNDA

07h _____

08h _____

09h _____

10h _____

11h _____

12h _____

13h _____

14h _____

15h _____

Quando tudo parecer perdido, que Orunmílá seja a luz da esperança a lhe guiar!

16h _____

17h _____

18h _____

ODU DO DIA *Aláfía*

19h _____

20h _____

21h _____

ACESSE AS
PREVISÕES
DE HOJE

ANOTAÇÕES:

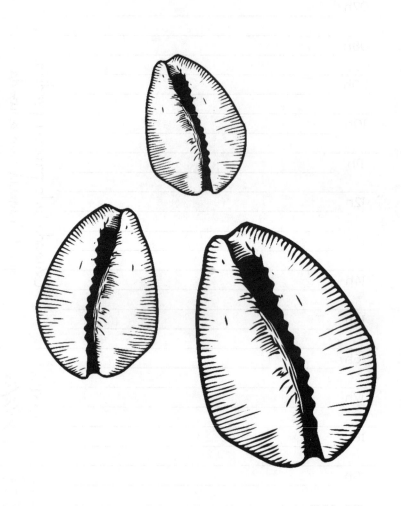

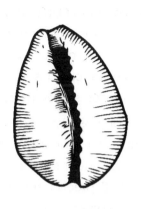

ABRIL

Odu do mês: Ojiologbon

Na vida, morre-se lentamente a cada dia

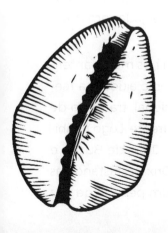

Previsões para Abril

Sob a regência do Odu Ojiologbon, chega um momento de pausa, de olhar para trás e reconhecer as conquistas e perdas, traçando um caminho mais consciente para o futuro. Este período nos ensina a evitar cair nas armadilhas de fantasias ou excessos que, muitas vezes, só geram frustrações.

O Odu Ojiologbon nos lembra de uma verdade simples e poderosa: o passado já se foi e o futuro ainda é apenas um sonho. Então, por que continuar se afligindo por coisas que não podem ser mudadas? É preciso entender que tudo tem seu tempo, e prender-se ao passado apenas para evitar conflitos ou manter uma falsa sensação de segurança pode ser mais prejudicial do que parece. Às vezes, essa zona de conforto em que estamos é, na verdade, um lugar desconfortável.

Apesar disso, intuição estará em alta este mês. Este é um ótimo momento para se conectar com sua própria sabedoria interior e perceber as lições ocultas nos sinais que o Universo lhe enviará. Essas lições são o combustível para o seu crescimento pessoal e irão te impulsionar para os próximos passos em direção aos seus objetivos.

No entanto, este período também pode trazer alguns desafios no relacionamento com pessoas próximas. O conselho é claro: não se envolva naquilo que não lhe diz respeito. Envolver-se pode acabar trazendo consequências indesejadas em situações que não eram suas desde o início.

Se você não realizou um ritual de boori nos meses anteriores, agora é o momento ideal para fazê-lo. Isso ajudará a reequilibrar os seus aspectos espiritual e emocional, trazendo de volta a harmonia necessária para seguir em frente. Logo no início do mês, procure orientação por meio do Jogo de Búzios e descubra a melhor forma de oferendar aos Orixás, afastando as influências negativas e se preparando para um período de paz e equilíbrio.

ABRIL

Odu Iká NO ASPECTO *positivo*

<u>ORIXÁ REGENTE</u>: *Iyewá*

● LUA NOVA
Lua Vazia: 01/04 14:42h até 01/04 17:25h

01

TERÇA

07h

08h

09h

10h

11h

12h

13h

14h

15h

16h

17h

18h

19h

20h

21h

ANOTAÇÕES:

Nas encruzilhadas da vida, que Exu guie os seus passos e abençoe o seu caminho!

ODU DO DIA
Iká

ACESSE AS
PREVISÕES
DE HOJE

02

QUARTA

Odu Obeogundá NO ASPECTO *negativo*

<u>ORIXÁ REGENTE:</u> *Obá*

● LUA NOVA

ABRIL

Vida longa, saúde e felicidade: que as bênçãos de Obá lhe cubram por todo o dia!

ODU DO DIA
Obeogundá

ACESSE AS
PREVISÕES
DE HOJE

	07h
	08h
	09h
	10h
	11h
	12h
	13h
	14h
	15h
	16h
	17h
	18h
	19h
	20h
	21h

ANOTAÇÕES:

Odu Aláfia NO ASPECTO *positivo*

ORIXÁ REGENTE: *Orunmilá*

● LUA NOVA
Lua Vazia: 03/04 15:26h até 03/04 19:50h

03
QUINTA

ABRIL

07h _____

08h _____

09h _____

10h _____

11h _____

12h _____

13h _____

14h _____

15h _____

16h _____

17h _____

18h _____

19h _____

20h _____

21h _____

Já ouviu seu bater coração hoje? É Orunmilá dizendo que chegou a hora de vencer!

ODU DO DIA *Aláfia*

ACESSE AS
PREVISÕES
DE HOJE

ANOTAÇÕES:

04

SEXTA

Odu Ejiogbê NO ASPECTO *positivo*

<u>ORIXÁ REGENTE:</u> *Oxoguiã*

● LUA NOVA

ABRIL

Dia de São Benedito / Dia de Ossain

Acredite: apesar dos medos, tudo é possível com a força de Oxoguiã!

ODU DO DIA
Ejiogbê

ACESSE AS
PREVISÕES
DE HOJE

07h

08h

09h

10h

11h

12h

13h

14h

15h

16h

17h

18h

19h

20h

21h

ANOTAÇÕES:

Odu Ossá NO ASPECTO *positivo*

Orixá Regente: *Obá*

☾ LUA CRESCENTE
Lua Vazia: 05/04 19:54h até 06/04 01:34h

ABRIL

05

SÁBADO

07h _____

08h _____

09h _____

10h _____

11h _____

12h _____

13h _____

14h _____

15h _____

16h _____

17h _____

18h _____

19h _____

20h _____

21h _____

Abra o seu coração e receba as bênçãos que Iansã está derramando sobre você.

ODU DO DIA
Ossá

ACESSE AS
PREVISÕES
DE HOJE

ANOTAÇÕES:

06

DOMINGO

Que Oxalufã renove sua esperança e
lhe inspire com a certeza de dias melhores.

ODU DO DIA
Ofun

ACESSE AS
PREVISÕES
DE HOJE

07h

08h

09h

10h

11h

12h

13h

14h

15h

16h

17h

18h

19h

20h

21h

ANOTAÇÕES:

Odu Ejíokô NO ASPECTO *positivo*

<u>ORIXÁ REGENTE</u>: *Ibejí*

☾ LUA CRESCENTE

ABRIL

07

SEGUNDA

07h _____

08h _____

09h _____

10h _____

11h _____

12h _____

13h _____

14h _____

15h _____

16h _____

17h _____

18h _____

19h _____

20h _____

21h _____

O que você busca está mais perto do que imagina! Confie na força de Ogum.

ODU DO DIA
Ejíokô

ACESSE AS
PREVISÕES
DE HOJE

ANOTAÇÕES:

08

TERÇA

Odu Ogundá NO ASPECTO *negativo*

ORIXÁ REGENTE: *Ogum*

☾ LUA CRESCENTE

Lua Vazia: 08/04 01:08h até 08/04 10:40h

ABRIL

Confie! Sua fé em Ogum será o farol que iluminará os seus caminhos.

ODU DO DIA
Ogundá

ACESSE AS
PREVISÕES
DE HOJE

07h

08h

09h

10h

11h

12h

13h

14h

15h

16h

17h

18h

19h

20h

21h

ANOTAÇÕES:

Odu Irossun NO ASPECTO *positivo*

ORIXÁ REGENTE: *Iemanjá*

☾ LUA CRESCENTE

ABRIL

09

QUARTA

07h _____

08h _____

09h _____

10h _____

11h _____

12h _____

13h _____

14h _____

15h _____

16h _____

17h _____

18h _____

19h _____

20h _____

21h _____

Um novo ciclo de felicidade começa agora! Siga em frente com Iemanjá ao seu lado.

ODU DO DIA
Irossun

ACESSE AS
PREVISÕES
DE HOJE

ANOTAÇÕES:

10

QUINTA

Odu Iká NO ASPECTO *positivo*

ORIXÁ REGENTE: *Iyewá*

☽ LUA CRESCENTE
Lua Vazia: 10/04 16:49h até 10/04 22:12h

ABRIL

Respire fundo e sinta a proteção de Iyewá em cada passo que você dá.

ODU DO DIA *Iká*

ACESSE AS
PREVISÕES
DE HOJE

07h

08h

09h

10h

11h

12h

13h

14h

15h

16h

17h

18h

19h

20h

21h

ANOTAÇÕES:

Odu Obeogundá NO ASPECTO *positivo*

<u>Orixá Regente:</u> *Obá*

☾ LUA CRESCENTE

ABRIL

11

SEXTA

07h _____

08h _____

09h _____

10h _____

11h _____

12h _____

13h _____

14h _____

15h _____

16h _____

17h _____

18h _____

19h _____

20h _____

21h _____

Seu coração já conhece o caminho!
Agora deixe Obá guiar os seus passos.

ODU DO DIA
Obeogundá

ACESSE AS
PREVISÕES
DE HOJE

ANOTAÇÕES:

12

SÁBADO

Odu Aláfia NO ASPECTO *positivo*

ORIXÁ REGENTE: *Orunmilá*

☾ LUA CRESCENTE

ABRIL

Hoje é o dia de agir com fé e confiança: Orunmilá está com você a cada passo!

ODU DO DIA
Aláfia

ACESSE AS
PREVISÕES
DE HOJE

07h

08h

09h

10h

11h

12h

13h

14h

15h

16h

17h

18h

19h

20h

21h

ANOTAÇÕES:

Odu Ejiogbê NO ASPECTO *positivo*

<u>ORIXÁ REGENTE</u>: *Xangô Airá*

○ LUA CHEIA

Lua Vazia: 13/04 07:00h até 13/04 10:54h

13

DOMINGO

ABRIL

07h _____

08h _____

09h _____

10h _____

11h _____

12h _____

13h _____

14h _____

15h _____

16h _____

17h _____

18h _____

19h _____

20h _____

21h _____

ANOTAÇÕES:

Siga em frente e confie no poder transformador de Xangô Airá em seus caminhos!

ODU DO DIA
Ejiogbê

ACESSE AS
PREVISÕES
DE HOJE

14

SEGUNDA

Odu Ossá NO ASPECTO *positivo*

<u>ORIXÁ REGENTE</u>: *Obá*

O LUA CHEIA

ABRIL

Por hoje e sempre, que Obá traga leveza e clareza aos seus pensamentos.

ODU DO DIA
Ossá

ACESSE AS
PREVISÕES
DE HOJE

07h

08h

09h

10h

11h

12h

13h

14h

15h

16h

17h

18h

19h

20h

21h

ANOTAÇÕES:

ABRIL

Odu Ofun NO ASPECTO *positivo*

<u>ORIXÁ REGENTE</u>: *Oxalufã*

O LUA CHEIA
Lua Vazia: 15/04 23:23h até 15/04 23:37h

15

TERÇA

07h _____

08h _____

09h _____

10h _____

11h _____

12h _____

13h _____

14h _____

15h _____

16h _____

17h _____

18h _____

19h _____

20h _____

21h _____

Cada desafio é uma oportunidade de crescimento. Deixe Oxalufã lhe ensinar a viver.

ODU DO DIA
Ofun

ACESSE AS
PREVISÕES
DE HOJE

ANOTAÇÕES:

16

QUARTA

Acalme-se. O amor e a proteção de Ogum estarão em cada detalhe do seu dia.

ODU DO DIA
Ejiokô

ACESSE AS
PREVISÕES
DE HOJE

07h

08h

09h

10h

11h

12h

13h

14h

15h

16h

17h

18h

19h

20h

21h

ANOTAÇÕES:

Odu Ogundá NO ASPECTO *positivo*

ORIXÁ REGENTE: *Ogum*

O LUA CHEIA

ABRIL

17

QUINTA

07h _____

08h _____

09h _____

10h _____

11h _____

12h _____

13h _____

14h _____

15h _____

16h _____

17h _____

18h _____

19h _____

20h _____

21h _____

Caminhe com confiança e coragem!
Ogum já preparou o melhor para você.

ODU DO DIA
Ogundá

ACESSE AS
PREVISÕES
DE HOJE

ANOTAÇÕES:

18

SEXTA

Odu Irossun NO ASPECTO *positivo*

ORIXÁ REGENTE: *Iemanjá*

O LUA CHEIA

Lua Vazia: 18/04 08:38h até 18/04 11:12h

Dia Nacional do Livro Infantil

ABRIL

Hoje, Iemanjá sussurra em seu ouvido: você é capaz de tudo. Acredite e vença!

ODU DO DIA
Irossun

ACESSE AS
PREVISÕES
DE HOJE

	07h
	08h
	09h
	10h
	11h
	12h
	13h
	14h
	15h
	16h
	17h
	18h
	19h
	20h
	21h

ANOTAÇÕES:

Odu Oxê NO ASPECTO *positivo*

<u>Orixá Regente:</u> *Oxum*

O LUA CHEIA

19

ABRIL

SÁBADO

Dia da Diversidade Indígena / Dia de Santo Expedito / Dia de Logunedé

07h _____

08h _____

09h _____

10h _____

11h _____

12h _____

13h _____

14h _____

15h _____

Acredite: as bênçãos de Oxum são infinitas e estão sempre ao seu alcance.

16h _____

17h _____

18h _____

ODU DO DIA
Oxê

19h _____

20h _____

21h _____

ACESSE AS
PREVISÕES
DE HOJE

ANOTAÇÕES:

20

DOMINGO

Páscoa

Que sua alma floresça com as bênçãos que Obá semeou em seu caminho.

ODU DO DIA
Obeegundá

ACESSE AS
PREVISÕES
DE HOJE

	07h
	08h
	09h
	10h
	11h
	12h
	13h
	14h
	15h
	16h
	17h
	18h
	19h
	20h
	21h

ANOTAÇÕES:

Odu Aláfia NO ASPECTO *negativo*

ORIXÁ REGENTE: *Orunmilá*

☽ LUA MINGUANTE

ABRIL

21

SEGUNDA

Tiradentes

07h _____

08h _____

09h _____

10h _____

11h _____

12h _____

13h _____

14h _____

15h _____

16h _____

17h _____

18h _____

19h _____

20h _____

21h _____

Permita que Orunmilá cure as feridas do passado e abra as portas da felicidade.

ODU DO DIA
Aláfia

ACESSE AS
PREVISÕES
DE HOJE

ANOTAÇÕES:

22

TERÇA
Dia da terra

Seu coração está cheio de luz!
Agora é Oxoguiã quem guia seus passos.

ODU DO DIA
Ejionilé

ACESSE AS
PREVISÕES
DE HOJE

	07h
	08h
	09h
	10h
	11h
	12h
	13h
	14h
	15h
	16h
	17h
	18h
	19h
	20h
	21h

ANOTAÇÕES:

ABRIL

Odu Ossá NO ASPECTO *negativo*

ORIXÁ REGENTE: *Iemanjá*

☽ LUA MINGUANTE

Lua Vazia: 22/04 18:55h até 23/04 02:06h

Dia de São Jorge / Dia de Ogum / Dia Mundial do Livro

23

QUARTA

07h _____

08h _____

09h _____

10h _____

11h _____

12h _____

13h _____

14h _____

15h _____

Confie: Iyewá já abriu os caminhos que levarão ao seu sucesso.

16h _____

17h _____

18h _____

ODU DO DIA *Ossá*

19h _____

20h _____

21h _____

ACESSE AS
PREVISÕES
DE HOJE

ANOTAÇÕES:

24

QUINTA

Odu Ofun NO ASPECTO *negativo*

ORIXÁ REGENTE: *Oxalufã*

☽ LUA MINGUANTE

Lua Vazia: 24/04 23:57h até 25/04 04:24h

ABRIL

Cada novo amanhecer é um presente de Oxalufã: aproveite com gratidão.

ODU DO DIA

Ofun

ACESSE AS
PREVISÕES
DE HOJE

	07h
	08h
	09h
	10h
	11h
	12h
	13h
	14h
	15h
	16h
	17h
	18h
	19h
	20h
	21h

ANOTAÇÕES:

Odu Ejiokô NO ASPECTO *negativo*

ORIXÁ REGENTE: *Exu Eleguá*

☽ LUA MINGUANTE
Lua Vazia: 24/04 23:57h até 25/04 04:24h

25

ABRIL

SEXTA

07h

08h

09h

10h

11h

12h

13h

14h

15h

16h

17h

18h

19h

20h

21h

Que Omolu lhe traga serenidade
para enfrentar os desafios do caminho.

ODU DO DIA
Ejiokô

ACESSE AS
PREVISÕES
DE HOJE

ANOTAÇÕES:

26

SÁBADO

 Odu Ogundá NO ASPECTO *negativo*

ORIXÁ REGENTE: *Ogum*

☽ LUA MINGUANTE
Lua Vazia: 26/04 13:18h até 27/04 04:17h

ABRIL

Você é forte e capaz! Deixe Ogum revelar essa força dentro de você.

ODU DO DIA
Ogundá

ACESSE AS
PREVISÕES
DE HOJE

	07h
	08h
	09h
	10h
	11h
	12h
	13h
	14h
	15h
	16h
	17h
	18h
	19h
	20h
	21h

ANOTAÇÕES:

Odu Irossun NO ASPECTO *negativo*

ORIXÁ REGENTE: *Iemanjá*

● LUA NOVA
Lua Vazia: 26/04 13:18h até 27/04 04:17h

ABRIL

27
DOMINGO

07h	
08h	
09h	
10h	
11h	
12h	
13h	
14h	
15h	
16h	
17h	
18h	
19h	
20h	
21h	

Hoje e sempre, é Iemanjá quem guia seus passos para a vitória!

ODU DO DIA *Irossun*

ACESSE AS
PREVISÕES
DE HOJE

ANOTAÇÕES:

28

SEGUNDA

Odu Oxê NO ASPECTO *positivo*

ORIXÁ REGENTE: *Oxum*

● LUA NOVA

ABRIL

Felicidade e abundância são as promessas que Oxum reservou para você. Receba!

ODU DO DIA

Oxê

ACESSE AS
PREVISÕES
DE HOJE

07h

08h

09h

10h

11h

12h

13h

14h

15h

16h

17h

18h

19h

20h

21h

ANOTAÇÕES:

Odu Obará NO ASPECTO *positivo*

U̲n̲d̲e̲r̲l̲i̲n̲e̲ ORIXÁ REGENTE: *Oxóssi*

● LUA NOVA
Lua Vazia: 29/04 02:17h até 29/04 03:34h

ABRIL

29
TERÇA

07h _____

08h _____

09h _____

10h _____

11h _____

12h _____

13h _____

14h _____

15h _____

16h _____

17h _____

18h _____

19h _____

20h _____

21h _____

ANOTAÇÕES:

Que sua alma seja tocada pela graça de Logunedé e floresça em alegria.

ODU DO DIA
Obará

ACESSE AS
PREVISÕES
DE HOJE

30

QUARTA

Odu Aláfia NO ASPECTO *positivo*

O̱rixá Re̱gente: *Orunmilá*

● LUA NOVA

ABRIL

Cada despertar é uma nova chance que Orunmilá lhe oferece para ser feliz.

ODU DO DIA *Aláfia*

ACESSE AS
PREVISÕES
DE HOJE

	07h
	08h
	09h
	10h
	11h
	12h
	13h
	14h
	15h
	16h
	17h
	18h
	19h
	20h
	21h

ANOTAÇÕES:

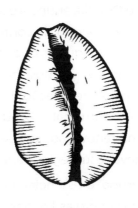

MAIO

ODU DO MÊS: IKÁ

Nem início, nem fim: viver é um eterno recomeço

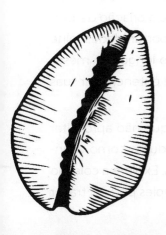

Previsões para Maio

A influência do Odu Iká anuncia o início de um novo ciclo em sua vida. Este é um período de contrastes, onde seus objetivos serão postos à prova. Aqueles os quais você planejou e aos quais dedicou atenção nos últimos meses finalmente encontrarão seu caminho para a realização. Já os projetos que foram adiados sem motivo podem acabar sendo abandonados de vez ou demandarão uma renovação completa, pedindo que você recomece e trace novas estratégias para alcançá-los.

Ao mesmo tempo, é essencial agir com cautela, já que Odu Iká também traz energias ligadas à violência, à agressividade e aos conflitos. Por isso, é importante estar consciente das suas palavras e ações. Quando a tensão aumentar, lembre-se de respirar fundo, deixar o orgulho de lado e evitar confrontos, afinal, o distanciamento estratégico pode ser a melhor escolha em muitos momentos. A coragem e o autocontrole tornam-se fundamentais, especialmente em momentos de turbulência.

A vida é preciosa e repleta de desafios, mas ao encarar seus medos e ultrapassar os obstáculos com sabedoria, você descobrirá novas forças e habilidades ocultas, promovendo um crescimento pessoal e espiritual que talvez nem imaginasse possível. Apesar das turbulências, o mês também reserva oportunidades promissoras no campo profissional. Isso pode incluir desde a conquista de um novo emprego até a criação de projetos ou empresas. Para consolidar essas oportunidades, olhe para trás e avalie como tem se preparado ao longo dos meses anteriores. O que você pode fazer agora para potencializar suas conquistas?

Neste período de transformação, por que não aproveitar para fortalecer sua energia e coragem? Produtos como os incensos da Casa Arole podem ser seus aliados. Explore a coleção completa e descubra como esses rituais simples podem trazer mais equilíbrio e foco às suas metas.

MAIO

Odu Obeegundá NO ASPECTO *negativo*

ORIXÁ REGENTE: *Obá*

● LUA NOVA

Lua Vazia: 01/05 00:48h até 01/05 04:22h

01

QUINTA

Dia do Trabalho / Dia da Literatura Brasileira

07h _____

08h _____

09h _____

10h _____

11h _____

12h _____

13h _____

14h _____

15h _____

16h _____

17h _____

18h _____

19h _____

20h _____

21h _____

ANOTAÇÕES:

A força que você precisa já está dentro de você. é Obá quem lhe fortalece.

ODU DO DIA
Obeegundá

ACESSE AS
PREVISÕES
DE HOJE

02

SEXTA

Odu Aláfia NO ASPECTO *positivo*

ORIXÁ REGENTE: *Orunmilá*

● LUA NOVA

MAIO

Que sua caminhada seja abençoada por Orunmilá e você alcance grandes realizações.

ODU DO DIA
Aláfia

ACESSE AS
PREVISÕES
DE HOJE

| 07h |
| 08h |
| 09h |
| 10h |
| 11h |
| 12h |
| 13h |
| 14h |
| 15h |
| 16h |
| 17h |
| 18h |
| 19h |
| 20h |
| 21h |

ANOTAÇÕES:

Odu Ejiogbê NO ASPECTO *positivo*

ORIXÁ REGENTE: *Xangô Airá*

● LUA NOVA

Lua Vazia: 03/05 05:02h até 03/05 08:29h

03

MAIO

SÁBADO

07h	
08h	
09h	
10h	
11h	
12h	
13h	
14h	
15h	
16h	
17h	
18h	
19h	
20h	
21h	

Não há o que temer! A força de Xangô Airá cuida de cada detalhe do seu dia.

ODU DO DIA
Ejiogbê

ACESSE AS
PREVISÕES
DE HOJE

ANOTAÇÕES:

04

DOMINGO

Odu Ossá NO ASPECTO *positivo*

ORIXÁ REGENTE: *Iansã*

☾ LUA CRESCENTE

MAIO

Tudo se renova! Deixe Iansã guiar suas escolhas e sua jornada.

ODU DO DIA
Ossá

ACESSE AS
PREVISÕES
DE HOJE

07h

08h

09h

10h

11h

12h

13h

14h

15h

16h

17h

18h

19h

20h

21h

ANOTAÇÕES:

MAIO

Odu Ofun NO ASPECTO *negativo*

ORIXÁ REGENTE: *Oxalufã*

☾ LUA CRESCENTE
Lua Vazia: 05/05 10:03h até 05/05 16:39h

05
SEGUNDA

07h _____

08h _____

09h _____

10h _____

11h _____

12h _____

13h _____

14h _____

15h _____

16h _____

17h _____

18h _____

19h _____

20h _____

21h _____

ANOTAÇÕES:

Você está exatamente onde deveria estar. Acredite nas bênçãos de Oxalufã!

ODU DO DIA
Ofun

ACESSE AS
PREVISÕES
DE HOJE

06

TERÇA

Odu Ejiokô NO ASPECTO *positivo*

ORIXÁ REGENTE: *Ogum*

☾ LUA CRESCENTE

MAIO

Que seu dia seja repleto de paz sob a proteção de Ibeji.

ODU DO DIA
Ejiokô

ACESSE AS
PREVISÕES
DE HOJE

07h

08h

09h

10h

11h

12h

13h

14h

15h

16h

17h

18h

19h

20h

21h

ANOTAÇÕES:

Odu Ogundá NO ASPECTO *positivo*

ORIXÁ REGENTE: *Ogum*

☾ LUA CRESCENTE

07

MAIO

QUARTA

07h _____

08h _____

09h _____

10h _____

11h _____

12h _____

13h _____

14h _____

15h _____

16h _____

17h _____

18h _____

19h _____

20h _____

21h _____

Sua intuição é a bússola que Ogum usa para guiar seus passos.

ODU DO DIA *Ogundá*

ACESSE AS PREVISÕES DE HOJE

ANOTAÇÕES:

08

QUINTA

Odu Irossun NO ASPECTO *positivo*

ORIXÁ REGENTE: *Iemanjá*

☾ LUA CRESCENTE

Lua Vazia: 08/05 01:11h até 08/05 04:06h

MAIO

Siga em frente e confie no tempo de Iemanjá: o que é seu está a caminho.

ODU DO DIA
Irossun

ACESSE AS
PREVISÕES
DE HOJE

07h

08h

09h

10h

11h

12h

13h

14h

15h

16h

17h

18h

19h

20h

21h

ANOTAÇÕES:

Odu Oxê NO ASPECTO *positivo*

ORIXÁ REGENTE: *Oxum*

☾ LUA CRESCENTE

MAIO

09

SEXTA

07h	
08h	
09h	
10h	
11h	
12h	
13h	
14h	
15h	

Que sua vida floresça com as bênçãos que Oxum plantou em seu destino.

16h	
17h	
18h	

ODU DO DIA
Oxê

19h	
20h	
21h	

ACESSE AS
PREVISÕES
DE HOJE

ANOTAÇÕES:

10

SÁBADO

Odu Obeogundá NO ASPECTO *negativo*

ORIXÁ REGENTE: *Obá*

☾ LUA CRESCENTE

Lua Vazia: 10/05 03:17h até 10/05 16:58h

MAIO

Acredite! A serenidade de Obá lhe trará clareza e paz no dia de hoje.

ODU DO DIA
Obeogundá

ACESSE AS
PREVISÕES
DE HOJE

	07h
	08h
	09h
	10h
	11h
	12h
	13h
	14h
	15h
	16h
	17h
	18h
	19h
	20h
	21h

ANOTAÇÕES:

Odu Aláfia NO ASPECTO *positivo*

O̲RIXÁ R̲EGENTE: *Orunmilá*

☾ LUA CRESCENTE

11

MAIO

DOMINGO

07h

08h

09h

10h

11h

12h

13h

14h

15h

16h

17h

18h

19h

20h

21h

Siga em confiança! A luz de Orunmilá está mostrando o melhor caminho.

ODU DO DIA *Aláfia*

ACESSE AS
PREVISÕES
DE HOJE

ANOTAÇÕES:

12

SEGUNDA

Odu Ejíogbê NO ASPECTO *positivo*

ORIXÁ REGENTE: *Xangô Airá*

O LUA CHEIA

MAIO

O poder de Xangô Airá vive dentro de você: use-o para transformar o seu dia.

ODU DO DIA
Ejíogbê

ACESSE AS
PREVISÕES
DE HOJE

07h

08h

09h

10h

11h

12h

13h

14h

15h

16h

17h

18h

19h

20h

21h

ANOTAÇÕES:

MAIO

Odu Ossá NO ASPECTO *positivo*

ORIXÁ REGENTE: *Obá*

O LUA CHEIA
Lua Vazia: 13/05 03:37h até 13/05 05:34h

13

TERÇA

Abolição da escravatura / Dia de Pretos Velhos

07h _____

08h _____

09h _____

10h _____

11h _____

12h _____

13h _____

14h _____

15h _____

16h _____

17h _____

18h _____

19h _____

20h _____

21h _____

ANOTAÇÕES:

Que o amor e a sabedoria de Obá guiem seus passos hoje e sempre.

ODU DO DIA
Ossá

ACESSE AS
PREVISÕES
DE HOJE

14

QUARTA
Dia das Mães

Odu Ofun NO ASPECTO *positivo*

<u>Orixá Regente:</u> *Oxalufã*

O LUA CHEIA

MAIO

Você é capaz de muito mais do que imagina!
Oxalufã é quem comanda o seu destino!

ODU DO DIA
Ofun

ACESSE AS
PREVISÕES
DE HOJE

07h

08h

09h

10h

11h

12h

13h

14h

15h

16h

17h

18h

19h

20h

21h

ANOTAÇÕES:

Odu Ejiokô NO ASPECTO *positivo*

ORIXÁ REGENTE: *Ogum*

O LUA CHEIA
Lua Vazia: 15/05 15:28h até 15/05 16:57h

MAIO

15

QUINTA

Dia Internacional da Família

07h

08h

09h

10h

11h

12h

13h

14h

15h

Hoje é o dia perfeito para recomeçar! Acredite: Ibeji está com você.

16h

17h

18h

ODU DO DIA
Ejiokô

19h

20h

21h

ACESSE AS
PREVISÕES
DE HOJE

ANOTAÇÕES:

16

SEXTA

MAIO

As bênçãos de Ogum se manifestam em sua vida. Fé e confiança sempre!

ODU DO DIA
Ogundá

ACESSE AS
PREVISÕES
DE HOJE

	07h
	08h
	09h
	10h
	11h
	12h
	13h
	14h
	15h
	16h
	17h
	18h
	19h
	20h
	21h

ANOTAÇÕES:

Odu Irossun NO ASPECTO *positivo*

ORIXÁ REGENTE: *Iemanjá*

○ LUA CHEIA

MAIO

17

SÁBADO

07h _____

08h _____

09h _____

10h _____

11h _____

12h _____

13h _____

14h _____

15h _____

Acalme o coração e deixe-se curar pela força de Iemanjá em sua vida.

16h _____

17h _____

18h _____

ODU DO DIA *Irossun*

19h _____

20h _____

21h _____

ACESSE AS
PREVISÕES
DE HOJE

ANOTAÇÕES:

18

DOMINGO

Odu Oxê NO ASPECTO *positivo*

<u>ORIXÁ REGENTE:</u> *Oxum*

○ LUA CHEIA
Lua Vazia: 18/05 01:27h até 18/05 02:29h

MAIO

Erga a cabeça! Sua fé em Oxum lhe trará a força necessária para vencer qualquer desafio.

ODU DO DIA
Orê

ACESSE AS
PREVISÕES
DE HOJE

07h

08h

09h

10h

11h

12h

13h

14h

15h

16h

17h

18h

19h

20h

21h

ANOTAÇÕES:

Odu Obará NO ASPECTO *positivo*

O̲R̲I̲X̲Á̲ R̲E̲G̲E̲N̲T̲E̲: *Oxóssi*

O LUA CHEIA

MAIO

19

SEGUNDA

07h _____

08h _____

09h _____

10h _____

11h _____

12h _____

13h _____

14h _____

15h _____

16h _____

17h _____

18h _____

19h _____

20h _____

21h _____

Pelo dia de hoje e sempre, que Oxóssi preencha seu dia com alegria e gratidão.

ODU DO DIA *Obará*

ACESSE AS PREVISÕES DE HOJE

ANOTAÇÕES:

20

TERÇA

Odu Aláfia NO ASPECTO *negativo*

ORIXÁ REGENTE: *Orunmilá*

☽ LUA MINGUANTE
Lua Vazia: 20/05 08:59h até 20/05 09:28h

MAIO

A vitória está chegando!
Confie no plano que Orunmilá preparou
especialmente para você.

ODU DO DIA
Aláfia

ACESSE AS
PREVISÕES
DE HOJE

	07h
	08h
	09h
	10h
	11h
	12h
	13h
	14h
	15h
	16h
	17h
	18h
	19h
	20h
	21h

ANOTAÇÕES:

Odu Ejíonilé NO ASPECTO *negativo*

ORIXÁ REGENTE: *Xangô Airá*

☽ LUA MINGUANTE

MAIO

21

QUARTA

07h _____

08h _____

09h _____

10h _____

11h _____

12h _____

13h _____

14h _____

15h _____

16h _____

17h _____

18h _____

19h _____

20h _____

21h _____

ANOTAÇÕES:

O universo conspira a seu favor! Deixe Xangô Airá guiar seus passos e siga em frente.

ODU DO DIA
Ejíonilé

ACESSE AS
PREVISÕES
DE HOJE

22

QUINTA

Odu Ossá NO ASPECTO *negativo*

ORIXÁ REGENTE: *Obá*

☽ LUA MINGUANTE
Lua Vazia: 22/05 13:06h até 22/05 13:25h

MAIO

Acredite: a cada novo dia, Iansã lhe oferece uma nova chance para ser feliz.

ODU DO DIA
Ossá

ACESSE AS
PREVISÕES
DE HOJE

	07h
	08h
	09h
	10h
	11h
	12h
	13h
	14h
	15h
	16h
	17h
	18h
	19h
	20h
	21h

ANOTAÇÕES:

Odu Ofun NO ASPECTO *negativo*

ORIXÁ REGENTE: *Oxalufã*

☽ LUA MINGUANTE

23

MAIO

SEXTA

07h _____

08h _____

09h _____

10h _____

11h _____

12h _____

13h _____

14h _____

15h _____

16h _____

17h _____

18h _____

19h _____

20h _____

21h _____

ANOTAÇÕES:

Que sua caminhada seja leve e que seu coração lhe permita receber as bênçãos de Oxalufã.

ODU DO DIA
Ofun

ACESSE AS
PREVISÕES
DE HOJE

24

SÁBADO

Dia da Santa Sarah Kali

Odu Ejíokô NO ASPECTO *negativo*

<u>ORIXÁ REGENTE:</u> *Omolu*

☽ LUA MINGUANTE

Lua Vazia: 24/05 08:44h até 24/05 14:38h

MAIO

Fé e determinação hoje e sempre!
Você está no caminho certo e
Exu Eleguá está ao seu lado.

ODU DO DIA
Ejíokô

ACESSE AS
PREVISÕES
DE HOJE

	07h
	08h
	09h
	10h
	11h
	12h
	13h
	14h
	15h
	16h
	17h
	18h
	19h
	20h
	21h

ANOTAÇÕES:

Odu Ogundá NO ASPECTO *negativo*

ORIXÁ REGENTE: *Ogum*

☽ LUA MINGUANTE

25

MAIO

DOMINGO

Dia da África / Dia Internacional da Adoção

07h

08h

09h

10h

11h

12h

13h

14h

15h

16h

17h

18h

19h

20h

21h

A proteção de Ogum está com você! Siga em frente com coragem e conquiste o impossível.

ODU DO DIA
Ogundá

ACESSE AS
PREVISÕES
DE HOJE

ANOTAÇÕES:

26

SEGUNDA

Apesar dos desafios, a cada dia Iemanjá lhe dá a oportunidade de ser ainda mais forte.

ODU DO DIA *Irossun*

ACESSE AS
PREVISÕES
DE HOJE

	07h
	08h
	09h
	10h
	11h
	12h
	13h
	14h
	15h
	16h
	17h
	18h
	19h
	20h
	21h

ANOTAÇÕES:

Odu Oxê NO ASPECTO *positivo*

ORIXÁ REGENTE: *Oxum*

● LUA NOVA

MAIO

27

TERÇA

07h _____

08h _____

09h _____

10h _____

11h _____

12h _____

13h _____

14h _____

15h _____

16h _____

17h _____

18h _____

19h _____

20h _____

21h _____

Um novo dia raiou! Que a luz de Oxum ilumine seu coração para vencer as incertezas.

ODU DO DIA
Oxê

ACESSE AS
PREVISÕES
DE HOJE

ANOTAÇÕES:

28

QUARTA

Odu Obará NO ASPECTO *positivo*

<u>ORIXÁ REGENTE:</u> *Oxóssí*

● LUA NOVA

Lua Vazia: 28/05 10:01h até 28/05 14:32h

MAIO

Você é guiado pela sabedoria de Logunedé em todos os momentos. Confie na sua intuição.

ODU DO DIA
Obará

ACESSE AS
PREVISÕES
DE HOJE

07h

08h

09h

10h

11h

12h

13h

14h

15h

16h

17h

18h

19h

20h

21h

ANOTAÇÕES:

Odu Odi NO ASPECTO *negativo*

ORIXÁ REGENTE: *Exu*

● LUA NOVA

MAIO

29

QUINTA

07h	
08h	
09h	
10h	
11h	
12h	
13h	
14h	
15h	
16h	
17h	
18h	
19h	
20h	
21h	

A paz que você busca está dentro de você! Exu lhe ajudará a encontrá-la.

ODU DO DIA
Odi

ACESSE AS
PREVISÕES
DE HOJE

ANOTAÇÕES:

30

SEXTA

Odu Ejìogbê NO ASPECTO *positivo*

<u>Orixá Regente:</u> *Oxoguiã*

● LUA NOVA

Lua Vazia: 30/05 13:50h até 30/05 17:16h

Dia de Santa Joana d'Arc / Dia de Obá

MAIO

Respire fundo! A força de Oxoguiã lhe conduzirá pelos caminhos da sabedoria e do amor.

ODU DO DIA
Ejìogbê

ACESSE AS
PREVISÕES
DE HOJE

	07h
	08h
	09h
	10h
	11h
	12h
	13h
	14h
	15h
	16h
	17h
	18h
	19h
	20h
	21h

ANOTAÇÕES:

Odu Ossá NO ASPECTO *negativo*

ORIXÁ REGENTE: *Obá*

● LUA NOVA

31

MAIO

SÁBADO

07h _____

08h _____

09h _____

10h _____

11h _____

12h _____

13h _____

14h _____

15h _____

16h _____

17h _____

18h _____

19h _____

20h _____

21h _____

Com dúvidas ou com certezas, hoje é o dia de confiar no que Obá preparou para você.

ODU DO DIA

Ossá

ACESSE AS
PREVISÕES
DE HOJE

ANOTAÇÕES:

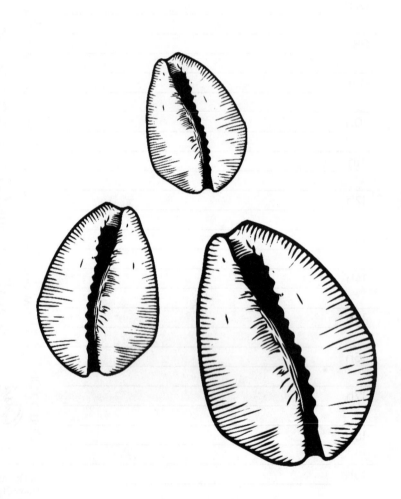

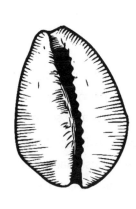

JUNHO

Odu do mês: Obeogundá

A força que movimenta é a mesma que paralisa

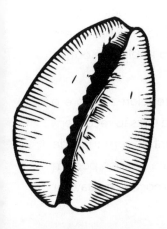

Previsões para Junho

Sob a regência do Odu Obeogundá, chega um período marcado por extremos e excessos. Os sentimentos ficam à flor da pele, a cólera pode parecer incontrolável, e a frustração por não ver seus desejos realizados pode tomar conta de seus pensamentos. É um dos momentos mais desafiadores do ano, onde as emoções tendem a se sobrepor à razão.

Em meio a esse turbilhão de emoções, é importante valorizar seus desejos e necessidades, colocando-se em primeiro lugar. No entanto, lembre-se de que nem sempre é possível ter tudo o que se quer de imediato. A influência do Odu Obeogundá pode trazer à tona comportamentos egoístas e agressivos, até mesmo nas pessoas mais pacíficas. Por isso, a autoconsciência será sua grande aliada para manter o controle sobre seus instintos e não se deixar levar pelas tensões.

Neste cenário, o cuidado com a comunicação é essencial. Seja nas palavras ou nas ações, sentimentos como ciúme, inveja e discussões acaloradas podem permear suas relações, especialmente no campo amoroso. Manter o equilíbrio emocional será um grande desafio, mas é também fundamental para evitar que a angústia e a tristeza se instalem. Para alcançar a tão necessária estabilidade, é vital buscar momentos de paz interior. A meditação, o relaxamento e atividades ao ar livre podem ajudar a acalmar sua mente. Procure evitar situações que gerem muita pressão psicológica e, se necessário, não hesite em pedir ajuda. Abandonar o orgulho e aceitar o apoio dos outros é uma lição valiosa neste período.

Consultar o Jogo de Búzios pode trazer clareza sobre o que está por vir, e rituais como as oferendas a Ori são recomendados para trazer harmonia. Além disso, banhos semanais de lavanda, *ori pepe* e folha-de-colônia, da cabeça aos pés, podem ser uma ótima forma de reequilibrar suas emoções e suavizar os efeitos desse Odu tão intenso.

Odu Aláfia NO ASPECTO *positivo*

Orixá Regente: *Orunmilá*

● LUA NOVA
Lua Vazia: 01/06 20:38h até 02/06 00:00h

01

JUNHO

DOMINGO

07h _____

08h _____

09h _____

10h _____

11h _____

12h _____

13h _____

14h _____

15h _____

16h _____

17h _____

18h _____

19h _____

20h _____

21h _____

ANOTAÇÕES:

Mantenha a calma. Orunmilá renovará sua esperança e lhe mostrará que tudo é possível.

ODU DO DIA
Aláfia

ACESSE AS
PREVISÕES
DE HOJE

02

SEGUNDA

 Odu Ejiogbê NO ASPECTO *positivo*

ORIXÁ REGENTE: *Xangô Airá*

● LUA NOVA

Lua Vazia: 01/06 20:38h até 02/06 00:00h

JUNHO

O poder de Xangô Airá está sempre presente! Confie e siga em frente com fé e confiança.

ODU DO DIA
Ejiogbê

ACESSE AS
PREVISÕES
DE HOJE

07h

08h

09h

10h

11h

12h

13h

14h

15h

16h

17h

18h

19h

20h

21h

ANOTAÇÕES:

Odu Ossá NO ASPECTO *positivo*

ORIXÁ REGENTE: *Iansã*

☾ LUA CRESCENTE

JUNHO

03

TERÇA

07h _____

08h _____

09h _____

10h _____

11h _____

12h _____

13h _____

14h _____

15h _____

16h _____

17h _____

18h _____

19h _____

20h _____

21h _____

ANOTAÇÕES:

As bênçãos de Iansã estão chegando em sua vida: aceite-as e conquista seus sonhos.

ODU DO DIA *Ossá*

ACESSE AS
PREVISÕES
DE HOJE

04

QUARTA

Odu Ofun NO ASPECTO *positivo*

<u>Orixá Regente</u>: *Oxalufã*

☾ LUA CRESCENTE
Lua Vazia: 04/06 08:11h até 04/06 10:38h

JUNHO

Sua jornada é guiada por Oxalufã! Acredite no que está por vir e siga em frente.

ODU DO DIA
Ofun

ACESSE AS
PREVISÕES
DE HOJE

	07h
	08h
	09h
	10h
	11h
	12h
	13h
	14h
	15h
	16h
	17h
	18h
	19h
	20h
	21h

ANOTAÇÕES:

Odu Ejiokô NO ASPECTO *positivo*

ORIXÁ REGENTE: *Ogum*

☾ LUA CRESCENTE

05

JUNHO

QUINTA

Dia Mundial do Meio Ambiente e da Ecologia

07h _____

08h _____

09h _____

10h _____

11h _____

12h _____

13h _____

14h _____

15h _____

16h _____

17h _____

18h _____

19h _____

20h _____

21h _____

Nenhuma dor é para sempre! Que Ogum lhe encha de coragem para enfrentar qualquer desafio.

ODU DO DIA *Ejiokô*

ACESSE AS PREVISÕES DE HOJE

ANOTAÇÕES:

06

SEXTA

Dia de Celebração ao Odu Obará

Fé, coragem e esperança!
O amor e a proteção de Ogum estão
em cada passo que você dá.

ODU DO DIA
Ogundá

ACESSE AS
PREVISÕES
DE HOJE

07h

08h

09h

10h

11h

12h

13h

14h

15h

16h

17h

18h

19h

20h

21h

ANOTAÇÕES:

Odu Irossun NO ASPECTO *positivo*

ORIXÁ REGENTE: *Iemanjá*

☾ LUA CRESCENTE

JUNHO

07

SÁBADO

07h

08h

09h

10h

11h

12h

13h

14h

15h

16h

17h

18h

19h

20h

21h

Que o caminho à sua frente seja repleto de paz e realizações. Iemanjá está ao seu lado.

ODU DO DIA *Irossun*

ACESSE AS PREVISÕES DE HOJE

ANOTAÇÕES:

08

DOMINGO

Odu Oxê NO ASPECTO *positivo*

<u>ORIXÁ REGENTE</u>: *Oxum*

☾ LUA CRESCENTE

JUNHO

tudo se ajeitará no tempo de Oxum. Hoje, permita-se ser guiado por sua sabedoria.

ODU DO DIA
Oxê

ACESSE AS
PREVISÕES
DE HOJE

07h

08h

09h

10h

11h

12h

13h

14h

15h

16h

17h

18h

19h

20h

21h

ANOTAÇÕES:

Odu Obará NO ASPECTO *positivo*

<u>ORIXÁ REGENTE:</u> *Oxóssi*

☾ LUA CRESCENTE
Lua Vazia: 09/06 09:06h até 09/06 11:55h

09

JUNHO

SEGUNDA

07h	
08h	
09h	
10h	
11h	
12h	
13h	
14h	
15h	
16h	
17h	
18h	
19h	
20h	
21h	

Coração em paz e cabeça erguida: cada manhã é uma nova chance de Oxóssi para você ser feliz.

ODU DO DIA
Obará

ACESSE AS
PREVISÕES
DE HOJE

ANOTAÇÕES:

10

TERÇA

Odu Aláfia NO ASPECTO *positivo*

ORIXÁ REGENTE: *Orunmilá*

☾ LUA CRESCENTE

JUNHO

Não deixe os medos lhe dominarem. Hoje, Orunmilá lhe trará as respostas que você tanto procura!

ODU DO DIA
Aláfia

ACESSE AS
PREVISÕES
DE HOJE

07h

08h

09h

10h

11h

12h

13h

14h

15h

16h

17h

18h

19h

20h

21h

ANOTAÇÕES:

Odu Ejiogbê NO ASPECTO *positivo*

ORIXÁ REGENTE: *Xangô Airá*

O LUA CHEIA
Lua Vazia: 11/06 16:58h até 11/06 22:55h

JUNHO

11

QUARTA

07h

08h

09h

10h

11h

12h

13h

14h

15h

16h

17h

18h

19h

20h

21h

ANOTAÇÕES:

No dia de hoje, Xangô Airá lhe dará a força necessária para superar qualquer desafio.

ODU DO DIA
Ejiogbê

ACESSE AS
PREVISÕES
DE HOJE

12

QUINTA

Dia dos Namorados

Odu Ossá NO ASPECTO *positivo*

<u>Orixá Regente</u>: *Iansã*

○ LUA CHEIA

JUNHO

Mantenha a fé e siga em frente!
Obá está preparando algo
maravilhoso para você.

ODU DO DIA
Ossá

ACESSE AS
PREVISÕES
DE HOJE

	07h
	08h
	09h
	10h
	11h
	12h
	13h
	14h
	15h
	16h
	17h
	18h
	19h
	20h
	21h

ANOTAÇÕES:

Odu Ofun NO ASPECTO *positivo*

<u>Orixá Regente:</u> *Oxalufã*

O LUA CHEIA

JUNHO

13

SEXTA

Dia de Santo Antônio / Dia do Orixá Exu

07h _____

08h _____

09h _____

10h _____

11h _____

12h _____

13h _____

14h _____

15h _____

16h _____

17h _____

18h _____

19h _____

20h _____

21h _____

Meu maior desejo? Que Oxalufã cubra sua vida com prosperidade, amor e paz.

ODU DO DIA
Ofun

ACESSE AS
PREVISÕES
DE HOJE

ANOTAÇÕES:

14

SÁBADO

JUNHO

Agradeça e siga em frente!
Ogum abrirá os seus caminhos
para a vitória!

ODU DO DIA
Ejiokô

ACESSE AS
PREVISÕES
DE HOJE

	07h
	08h
	09h
	10h
	11h
	12h
	13h
	14h
	15h
	16h
	17h
	18h
	19h
	20h
	21h

ANOTAÇÕES:

Odu Ogundá NO ASPECTO *positivo*

ORIXÁ REGENTE: *Ogum*

O LUA CHEIA

JUNHO

15

DOMINGO

07h _____

08h _____

09h _____

10h _____

11h _____

12h _____

13h _____

14h _____

15h _____

16h _____

17h _____

18h _____

19h _____

20h _____

21h _____

Abra o coração e agradeça: Ogum é quem trará equilíbrio para as suas escolhas!

ODU DO DIA
Ogundá

ACESSE AS
PREVISÕES
DE HOJE

ANOTAÇÕES:

16

SEGUNDA

Dia da Criança Africana

Agradeça, perdoe e não deseje o mal...
É Iemanjá quem lhe protege
das más influências!

ODU DO DIA
Irossun

ACESSE AS
PREVISÕES
DE HOJE

	07h
	08h
	09h
	10h
	11h
	12h
	13h
	14h
	15h
	16h
	17h
	18h
	19h
	20h
	21h

ANOTAÇÕES:

Odu Oxê NO ASPECTO *positivo*

ORIXÁ REGENTE: *Oxum*

O LUA CHEIA

JUNHO

17

TERÇA

07h _____

08h _____

09h _____

10h _____

11h _____

12h _____

13h _____

14h _____

15h _____

16h _____

17h _____

18h _____

19h _____

20h _____

21h _____

Fé acima de tudo e apesar de tudo! Tenha certeza: Oxum é por você!

ODU DO DIA *Oxê*

ACESSE AS PREVISÕES DE HOJE

ANOTAÇÕES:

18

QUARTA

Enquanto há esperança, há um caminho!
Que Xangô lhe dê felicidade!

ODU DO DIA
Obará

ACESSE AS
PREVISÕES
DE HOJE

07h

08h

09h

10h

11h

12h

13h

14h

15h

16h

17h

18h

19h

20h

21h

ANOTAÇÕES:

Odu Odi NO ASPECTO *negativo*

ORIXÁ REGENTE: *Exu*

☽ LUA MINGUANTE

JUNHO

19

QUINTA

Corpus Christi / Dia de Oxóssi

07h _____

08h _____

09h _____

10h _____

11h _____

12h _____

13h _____

14h _____

15h _____

16h _____

17h _____

18h _____

19h _____

20h _____

21h _____

Não há caminhos fechados para quem tem fé e gratidão! Confie em Exu!

ODU DO DIA
Odi

ACESSE AS
PREVISÕES
DE HOJE

ANOTAÇÕES:

20

SEXTA

Odu Ejionilé NO ASPECTO *negativo*

ORIXÁ REGENTE: *Oxoguiã*

☽ LUA MINGUANTE

Lua Vazia: 20/06 22:49h até 20/06 22:53h

JUNHO

Você é capaz de superar todos os desafios! Confie em Oxoguiã e transforme o seu dia!

ODU DO DIA
Ejionilé

ACESSE AS
PREVISÕES
DE HOJE

	07h
	08h
	09h
	10h
	11h
	12h
	13h
	14h
	15h
	16h
	17h
	18h
	19h
	20h
	21h

ANOTAÇÕES:

Odu Ossá NO ASPECTO *negativo*

ORIXÁ REGENTE: *Iansã*

☽ LUA MINGUANTE

JUNHO

21

SÁBADO

Início do Inverno

07h _____

08h _____

09h _____

10h _____

11h _____

12h _____

13h _____

14h _____

15h _____

16h _____

17h _____

18h _____

19h _____

20h _____

21h _____

Felicidade e prosperidade: essas são as promessas de Obá para o seu dia!

ODU DO DIA
Ossá

ACESSE AS
PREVISÕES
DE HOJE

ANOTAÇÕES:

22

DOMINGO

Odu Ofun NO ASPECTO *negativo*

ORIXÁ REGENTE: *Oxalufã*

☽ LUA MINGUANTE

Lua Vazia: 22/06 22:50h até 22/06 23:57h

JUNHO

Receba as bênçãos de Oxalufã e permita-se ser feliz por existir: você merece!

ODU DO DIA
Ofun

ACESSE AS
PREVISÕES
DE HOJE

07h

08h

09h

10h

11h

12h

13h

14h

15h

16h

17h

18h

19h

20h

21h

ANOTAÇÕES:

Odu Ejíokô NO ASPECTO *negativo*

ORIXÁ REGENTE: *Omolu*

☽ LUA MINGUANTE

Lua Vazia: 23/06 05:26h até 25/06 00:44h

JUNHO

23

SEGUNDA

07h _____

08h _____

09h _____

10h _____

11h _____

12h _____

13h _____

14h _____

15h _____

16h _____

17h _____

18h _____

19h _____

20h _____

21h _____

ANOTAÇÕES:

As palavras de Exu Eleguá são certeiras: seus caminhos lhe guiarão para a vitória!

ODU DO DIA
Ejíokô

ACESSE AS
PREVISÕES
DE HOJE

24

TERÇA

Dia de São João / Dia de Xangô

Odu Ogundá NO ASPECTO *negativo*

ORIXÁ REGENTE: *Ogum*

☽ LUA MINGUANTE

JUNHO

No dia de hoje, que Ogum cubra seu lar e sua família com a felicidade!

ODU DO DIA
Ogundá

ACESSE AS
PREVISÕES
DE HOJE

07h

08h

09h

10h

11h

12h

13h

14h

15h

16h

17h

18h

19h

20h

21h

ANOTAÇÕES:

Odu Irossun NO ASPECTO *negativo*

ORIXÁ REGENTE: *Iemanjá*

● LUA NOVA
Lua Vazia: 23/06 05:26h até 25/06 00:44h

JUNHO

25

QUARTA

07h _____

08h _____

09h _____

10h _____

11h _____

12h _____

13h _____

14h _____

15h _____

16h _____

17h _____

18h _____

19h _____

20h _____

21h _____

ANOTAÇÕES:

Olhe para os céus e ouça a voz de Iemanjá dizendo: você é capaz de transformar a sua vida!

ODU DO DIA *Irossun*

ACESSE AS PREVISÕES DE HOJE

26

QUINTA

Odu Oxê NO ASPECTO *positivo*

ORIXÁ REGENTE: *Oxum*

● LUA NOVA

JUNHO

Um pouco de fé e muita coragem: essa é a receita de Oxum para a sua vitória!

ODU DO DIA
Oxê

ACESSE AS
PREVISÕES
DE HOJE

07h

08h

09h

10h

11h

12h

13h

14h

15h

16h

17h

18h

19h

20h

21h

ANOTAÇÕES:

Odu Obará NO ASPECTO *positivo*

<u>ORIXÁ REGENTE:</u> *Oxóssi*

● LUA NOVA
Lua Vazia: 27/06 02:16h até 27/06 03:05h

27

JUNHO

SEXTA

07h _____

08h _____

09h _____

10h _____

11h _____

12h _____

13h _____

14h _____

15h _____

16h _____

17h _____

18h _____

19h _____

20h _____

21h _____

ANOTAÇÕES:

Se os olhos são o espelho da alma, que Logunedé faça os seus brilharem de alegria!

ODU DO DIA
Obará

ACESSE AS
PREVISÕES
DE HOJE

28

SÁBADO

Odu Odi NO ASPECTO *negativo*

<u>ORIXÁ REGENTE:</u> *Ogum*

● LUA NOVA

JUNHO

Que tal começar o dia sorrindo? Deixe a força de Exu lhe inspirar e guiar o seu destino!

ODU DO DIA

Odi

ACESSE AS
PREVISÕES
DE HOJE

07h

08h

09h

10h

11h

12h

13h

14h

15h

16h

17h

18h

19h

20h

21h

ANOTAÇÕES:

Odu Ejiogbê NO ASPECTO *positivo*

<u>ORIXÁ REGENTE</u>: *Xangô Airá*

● LUA NOVA

Lua Vazia: 29/06 08:03h até 29/06 08:43h

JUNHO

29

DOMINGO

Dia de São Pedro / Dia de Xangô

07h _____

08h _____

09h _____

10h _____

11h _____

12h _____

13h _____

14h _____

15h _____

16h _____

17h _____

18h _____

19h _____

20h _____

21h _____

Xangô Airá já determinou e hoje é o seu dia de vencer! Confie: a felicidade chegando!

ODU DO DIA
Ejiogbê

ACESSE AS
PREVISÕES
DE HOJE

ANOTAÇÕES:

30

SEGUNDA

É nos pequenos sinais do universo que Iemanjá se manifesta, permita-se enxergá-los!

ODU DO DIA
Ossá

ACESSE AS
PREVISÕES
DE HOJE

07h

08h

09h

10h

11h

12h

13h

14h

15h

16h

17h

18h

19h

20h

21h

ANOTAÇÕES:

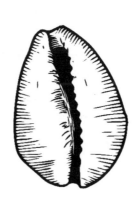

JULHO

ODU DO MÊS: ALÁFIA

Em paz com o mundo e consigo

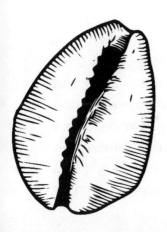

Previsões para Julho

Sob a influência do Odu Aláfia, este mês se apresenta como um período de paz e sonhos, trazendo consigo a promessa de renovação das esperanças. Sua vida, sem dúvida, passará por mudanças significativas daqui pra frente, quer você esteja preparada ou não. E se a mudança é inevitável, o melhor que você pode fazer é se preparar para ela.

Com isso, buscar e manter o equilíbrio espiritual será essencial para o sucesso futuro. A verdadeira paz não reside na ausência de desafios, mas na capacidade de enfrentá-los com serenidade, aproveitando cada situação para crescer em todos os aspectos: material, emocional e espiritual. Buscar o crescimento e a felicidade não é apenas um desejo, mas um direito e dever de cada um de nós. Mas, pergunte-se: o que é necessário para que você encontre a paz? E, mais importante ainda, o que você tem feito para alcançá-la de verdade?

Lembre-se de que, muitas vezes, sonhar demais pode impedir a ação. Para superar esse desafio, é fundamental seguir as orientações sobre os rituais e realizar os ebós e rituais indicados nos meses anteriores. Eles trarão a estabilidade e a tranquilidade necessárias para atravessar este período com sucesso. A prática da fé aumenta as chances de que seus projetos prosperem e ajudem na sua jornada.

Contudo, é importante lembrar que o Odu Aláfia também carrega um aspecto negativo: o caos e a desordem. Esses são obstáculos que devem ser evitados a todo custo. Os Orixás reforçam que o caminho para uma vida plena e abundante está disponível àqueles que avançam com coragem. Cumprir os desígnios de Ifá, o Senhor do Destino, e agir de maneira consciente e ativa no presente é a chave para atravessar este período de transformações com serenidade. Focar no que você pode fazer agora, no presente, é o que garantirá que essa jornada traga as melhores recompensas.

JULHO

Odu Ejiogbê NO ASPECTO *positivo*

<u>Orixá Regente:</u> *Xangô Airá*

● LUA NOVA

Lua Vazia: 01/07 17:46h até 01/07 18:16h

01

TERÇA

07h _____

08h _____

09h _____

10h _____

11h _____

12h _____

13h _____

14h _____

15h _____

16h _____

17h _____

18h _____

19h _____

20h _____

21h _____

Quando tudo parecer perdido, que Xangô Airá seja a luz da esperança a lhe guiar!

ODU DO DIA
Ejiogbê

ACESSE AS
PREVISÕES
DE HOJE

ANOTAÇÕES:

02

QUARTA

Odu Ossá NO ASPECTO *negativo*

ORIXÁ REGENTE: *Obá*

☾ LUA CRESCENTE
Lua Vazia: 02/07 16:30h até 04/07 06:33h

JULHO

Nas encruzilhadas da vida, que Exu guie os seus passos e abençoe o seu caminho!

ODU DO DIA
Ossá

ACESSE AS PREVISÕES DE HOJE

07h

08h

09h

10h

11h

12h

13h

14h

15h

16h

17h

18h

19h

20h

21h

ANOTAÇÕES:

Odu Ofun NO ASPECTO *positivo*

ORIXÁ REGENTE: *Oxalufã*

☾ LUA CRESCENTE

JULHO

03

QUINTA

07h _____

08h _____

09h _____

10h _____

11h _____

12h _____

13h _____

14h _____

15h _____

Vida longa, saúde e felicidade: que as bênçãos de Oxalufã lhe cubram por todo o dia!

16h _____

17h _____

18h _____

ODU DO DIA *Ofun*

19h _____

20h _____

21h _____

ACESSE AS PREVISÕES DE HOJE

ANOTAÇÕES:

04

SEXTA

Já ouviu seu bater coração hoje?
É Omolu dizendo que chegou
a hora de vencer!

ODU DO DIA
Ejíokô

ACESSE AS
PREVISÕES
DE HOJE

07h

08h

09h

10h

11h

12h

13h

14h

15h

16h

17h

18h

19h

20h

21h

ANOTAÇÕES:

Odu Ogundá NO ASPECTO *positivo*

ORIXÁ REGENTE: *Ogum*

☾ LUA CRESCENTE

JULHO

05

SÁBADO

07h _____

08h _____

09h _____

10h _____

11h _____

12h _____

13h _____

14h _____

15h _____

16h _____

17h _____

18h _____

19h _____

20h _____

21h _____

Acredite: apesar dos medos, tudo é possível com a força de Ogum!

ODU DO DIA *Ogundá*

ACESSE AS PREVISÕES DE HOJE

ANOTAÇÕES:

06

DOMINGO

Odu Irossun NO ASPECTO *positivo*

ORIXÁ REGENTE: *Iemanjá*

☾ LUA CRESCENTE
Lua Vazia: 06/07 19:04h até 06/07 19:06h

JULHO

Abra o seu coração e receba as bênçãos
que Iemanjá está derramando sobre você.

ODU DO DIA
Irossun

ACESSE AS
PREVISÕES
DE HOJE

	07h
	08h
	09h
	10h
	11h
	12h
	13h
	14h
	15h
	16h
	17h
	18h
	19h
	20h
	21h

ANOTAÇÕES:

JULHO

Odu Oxê NO ASPECTO *negativo*

<u>ORIXÁ REGENTE</u>: *Oxum*

☾ LUA CRESCENTE
Lua Vazia: 07/07 18:29h até 09/07 05:55h

07

SEGUNDA

07h _____

08h _____

09h _____

10h _____

11h _____

12h _____

13h _____

14h _____

15h _____

16h _____

17h _____

18h _____

19h _____

20h _____

21h _____

ANOTAÇÕES:

Que Oxum renove sua esperança e lhe inspire com a certeza de dias melhores.

ODU DO DIA
Oxê

ACESSE AS
PREVISÕES
DE HOJE

08

TERÇA

Odu Obará NO ASPECTO *positivo*

<u>ORIXÁ REGENTE:</u> *Oxóssi*

☾ LUA CRESCENTE

JULHO

O que você busca está mais perto do que imagina! Confie na força de Logunedé.

ODU DO DIA
Obará

ACESSE AS
PREVISÕES
DE HOJE

07h

08h

09h

10h

11h

12h

13h

14h

15h

16h

17h

18h

19h

20h

21h

ANOTAÇÕES:

Odu Odi NO ASPECTO *negativo*

ORIXÁ REGENTE: *Exu*

☾ LUA CRESCENTE
Lua Vazia: 07/07 18:29h até 09/07 05:55h

09

JULHO

QUARTA

07h _____

08h _____

09h _____

10h _____

11h _____

12h _____

13h _____

14h _____

15h _____

16h _____

17h _____

18h _____

19h _____

20h _____

21h _____

ANOTAÇÕES:

Confie! Sua fé em Exu será o farol que iluminará os seus caminhos.

ODU DO DIA
Odi

ACESSE AS
PREVISÕES
DE HOJE

10

QUINTA

Odu Ejionilé NO ASPECTO *negativo*

ORIXÁ REGENTE: *Oxoguiã*

○ LUA CHEIA
Lua Vazia: 10/07 17:37h até 11/07 14:21h

JULHO

Um novo ciclo de felicidade começa agora!
Siga em frente com Oxoguiã ao seu lado.

ODU DO DIA
Ejionilé

ACESSE AS
PREVISÕES
DE HOJE

	07h
	08h
	09h
	10h
	11h
	12h
	13h
	14h
	15h
	16h
	17h
	18h
	19h
	20h
	21h

ANOTAÇÕES:

Odu Ossá NO ASPECTO *negativo*

ORIXÁ REGENTE: *Obá*

O LUA CHEIA
Lua Vazia: 10/07 17:37h até 11/07 14:21h

JULHO

11

SEXTA

07h

08h

09h

10h

11h

12h

13h

14h

15h

16h

17h

18h

19h

20h

21h

ANOTAÇÕES:

Respire fundo e sinta a proteção de Iemanjá em cada passo que você dá.

ODU DO DIA
Ossá

ACESSE AS
PREVISÕES
DE HOJE

12

SÁBADO

Odu Ofun NO ASPECTO *negativo*

<u>Orixá Regente:</u> *Oxalufã*

O LUA CHEIA
Lua Vazia: 12/07 16:45h até 13/07 20:45h

JULHO

Seu coração já conhece o caminho!
Agora deixe Oxalufã guiar os seus passos.

ODU DO DIA
Ofun

ACESSE AS
PREVISÕES
DE HOJE

07h

08h

09h

10h

11h

12h

13h

14h

15h

16h

17h

18h

19h

20h

21h

ANOTAÇÕES:

Odu Ejiokô NO ASPECTO *negativo*

ORIXÁ REGENTE: *Exu Eleguá*

O LUA CHEIA
Lua Vazia: 12/07 16:45h até 13/07 20:45h

JULHO

13

DOMINGO

07h _____

08h _____

09h _____

10h _____

11h _____

12h _____

13h _____

14h _____

15h _____

16h _____

17h _____

18h _____

19h _____

20h _____

21h _____

ANOTAÇÕES:

*Hoje é o dia de agir com fé e confiança:
Omolu está com você a cada passo!*

ODU DO DIA
Ejiokô

ACESSE AS
PREVISÕES
DE HOJE

14

SEGUNDA

Odu Ogundá NO ASPECTO *positivo*

<u>ORIXÁ REGENTE:</u> *Ogum*

O LUA CHEIA

JULHO

Siga em frente e confie no poder transformador de Ogum em seus caminhos!

ODU DO DIA
Ogundá

ACESSE AS
PREVISÕES
DE HOJE

07h

08h

09h

10h

11h

12h

13h

14h

15h

16h

17h

18h

19h

20h

21h

ANOTAÇÕES:

JULHO

Odu Irossun NO ASPECTO *negativo*

<u>Orixá Regente:</u> *Iemanjá*

O LUA CHEIA
Lua Vazia: 15/07 14:09h até 16/07 01:32h

15

TERÇA

07h	
08h	
09h	
10h	
11h	
12h	
13h	
14h	
15h	
16h	
17h	
18h	
19h	
20h	
21h	

Por hoje e sempre, que Iemanjá traga leveza e clareza aos seus pensamentos.

ODU DO DIA
Irossun

ACESSE AS
PREVISÕES
DE HOJE

ANOTAÇÕES:

16

QUARTA

Odu Oxê NO ASPECTO *negativo*

<u>ORIXÁ REGENTE:</u> *Oxum*

○ LUA CHEIA
Lua Vazia: 15/07 14:09h até 16/07 01:32h

JULHO

Cada desafio é uma oportunidade de crescimento. Deixe Oxum lhe ensinar a viver.

ODU DO DIA
Orê

ACESSE AS
PREVISÕES
DE HOJE

07h

08h

09h

10h

11h

12h

13h

14h

15h

16h

17h

18h

19h

20h

21h

ANOTAÇÕES:

Odu Obará NO ASPECTO *negativo*

ORIXÁ REGENTE: *Xangô*

O LUA CHEIA
Lua Vazia: 17/07 21:37h até 18/07 04:58h

JULHO

17

QUINTA

07h _____

08h _____

09h _____

10h _____

11h _____

12h _____

13h _____

14h _____

15h _____

16h _____

17h _____

18h _____

19h _____

20h _____

21h _____

ANOTAÇÕES:

Acalme-se. O amor e a proteção de Xangô estarão em cada detalhe do seu dia.

ODU DO DIA
Obará

ACESSE AS
PREVISÕES
DE HOJE

18

SEXTA

Odu Odi NO ASPECTO *negativo*

<u>Orixá Regente:</u> *Ogum*

☽ LUA MINGUANTE

Lua Vazia: 17/07 21:37h até 18/07 04:58h

JULHO

Caminhe com confiança e coragem!
Ogum já preparou o melhor para você.

ODU DO DIA
Odi

ACESSE AS
PREVISÕES
DE HOJE

07h

08h

09h

10h

11h

12h

13h

14h

15h

16h

17h

18h

19h

20h

21h

ANOTAÇÕES:

Odu Ejionilé NO ASPECTO *negativo*

Orixá Regente: *Oxoguiã*

☽ LUA MINGUANTE

JULHO

19

SÁBADO

07h _____

08h _____

09h _____

10h _____

11h _____

12h _____

13h _____

14h _____

15h _____

16h _____

17h _____

18h _____

19h _____

20h _____

21h _____

ANOTAÇÕES:

Hoje, Oxoguiã sussurra em seu ouvido: você é capaz de tudo. Acredite e vença!

ODU DO DIA *Ejionilé*

ACESSE AS PREVISÕES DE HOJE

20

DOMINGO

Odu Ossá NO ASPECTO *negativo*

ORIXÁ REGENTE: *Iemanjá*

☽ LUA MINGUANTE
Lua Vazia: 20/07 03:43h até 20/07 07:22h

JULHO

Acredite: as bênçãos de Obá são infinitas e estão sempre ao seu alcance.

ODU DO DIA
Ossá

ACESSE AS
PREVISÕES
DE HOJE

07h

08h

09h

10h

11h

12h

13h

14h

15h

16h

17h

18h

19h

20h

21h

ANOTAÇÕES:

JULHO

Odu Ofun NO ASPECTO *negativo*

ORIXÁ REGENTE: *Oxalufã*

☽ LUA MINGUANTE
Lua Vazia: 21/07 16:52h até 22/07 09:26h

21

SEGUNDA

07h _____

08h _____

09h _____

10h _____

11h _____

12h _____

13h _____

14h _____

15h _____

16h _____

17h _____

18h _____

19h _____

20h _____

21h _____

ANOTAÇÕES:

Que sua alma floresça com as bênçãos que Oxalufã semeou em seu caminho.

ODU DO DIA
Ofun

ACESSE AS
PREVISÕES
DE HOJE

22

TERÇA

Odu Ejiokô NO ASPECTO *negativo*

<u>Orixá Regente</u>: *Omolu*

☽ LUA MINGUANTE

Lua Vazia: 21/07 16:52h até 22/07 09:26h

JULHO

Permita que Omolu cure as feridas do passado e abra as portas da felicidade.

ODU DO DIA
Ejiokô

ACESSE AS
PREVISÕES
DE HOJE

07h

08h

09h

10h

11h

12h

13h

14h

15h

16h

17h

18h

19h

20h

21h

ANOTAÇÕES:

Odu Ogundá NO ASPECTO *negativo*

ORIXÁ REGENTE: *Ogum*

☽ LUA MINGUANTE

Lua Vazia: 23/07 21:42h até 24/07 12:28h

JULHO

23

QUARTA

07h _____

08h _____

09h _____

10h _____

11h _____

12h _____

13h _____

14h _____

15h _____

16h _____

17h _____

18h _____

19h _____

20h _____

21h _____

Seu coração está cheio de luz!
Agora é Ogum quem guia seus passos.

ODU DO DIA *Ogundá*

ACESSE AS
PREVISÕES
DE HOJE

ANOTAÇÕES:

24

QUINTA

Odu Irossun NO ASPECTO *negativo*

ORIXÁ REGENTE: *Iemanjá*

● LUA NOVA

Lua Vazia: 23/07 21:42h até 24/07 12:28h

JULHO

Confie: Iemanjá já abriu os caminhos que levarão ao seu sucesso.

ODU DO DIA *Irossun*

ACESSE AS
PREVISÕES
DE HOJE

07h

08h

09h

10h

11h

12h

13h

14h

15h

16h

17h

18h

19h

20h

21h

ANOTAÇÕES:

Odu Oxê NO ASPECTO *positivo*

ORIXÁ REGENTE: *Oxum*

● LUA NOVA

JULHO

25

SEXTA

Dia de Teresa de Benguela / Dia da Mulher Negra Latino-Americana e Caribenha

07h _____

08h _____

09h _____

10h _____

11h _____

12h _____

13h _____

14h _____

15h _____

16h _____

17h _____

18h _____

19h _____

20h _____

21h _____

Cada novo amanhecer é um presente de Oxum: aproveite com gratidão.

ODU DO DIA
Oxê

ACESSE AS
PREVISÕES
DE HOJE

ANOTAÇÕES:

26

SÁBADO

Odu Obará NO ASPECTO *negativo*

ORIXÁ REGENTE: *Xangô*

● LUA NOVA

Lua Vazia: 26/07 08:02h até 26/07 17:55h

JULHO

Dia dos Avós / Dia de Nanã

Que Xangô lhe traga serenidade para enfrentar os desafios do caminho.

ODU DO DIA
Obará

ACESSE AS
PREVISÕES
DE HOJE

07h

08h

09h

10h

11h

12h

13h

14h

15h

16h

17h

18h

19h

20h

21h

ANOTAÇÕES:

Odu Odi NO ASPECTO *negativo*

ORIXÁ REGENTE: *Exu*

● LUA NOVA

JULHO

27

DOMINGO

07h _____

08h _____

09h _____

10h _____

11h _____

12h _____

13h _____

14h _____

15h _____

16h _____

17h _____

18h _____

19h _____

20h _____

21h _____

ANOTAÇÕES:

Você é forte e capaz! Deixe Exu revelar essa força dentro de você.

ODU DO DIA
Odi

ACESSE AS
PREVISÕES
DE HOJE

28

SEGUNDA

Odu Ejìogbê NO ASPECTO *positivo*

<u>ORIXÁ REGENTE:</u> *Xangô Airá*

● LUA NOVA

Lua Vazia: 28/07 21:57h até 29/07 02:43h

JULHO

Hoje e sempre, é Xangô Airá quem guia seus passos para a vitória!

ODU DO DIA
Ejìogbê

ACESSE AS
PREVISÕES
DE HOJE

	07h
	08h
	09h
	10h
	11h
	12h
	13h
	14h
	15h
	16h
	17h
	18h
	19h
	20h
	21h

ANOTAÇÕES:

Odu Ossá NO ASPECTO *negativo*

ORIXÁ REGENTE: *Iyewá*

● LUA NOVA
Lua Vazia: 28/07 21:57h até 29/07 02:43h

JULHO

29

TERÇA

07h _____

08h _____

09h _____

10h _____

11h _____

12h _____

13h _____

14h _____

15h _____

16h _____

17h _____

18h _____

19h _____

20h _____

21h _____

Felicidade e abundância são as promessas que Iyewá reservou para você. Receba!

ODU DO DIA
Ossá

ACESSE AS
PREVISÕES
DE HOJE

ANOTAÇÕES:

30

QUARTA
Dia do Amigo

Odu Ofun NO ASPECTO *negativo*

<u>ORIXÁ REGENTE:</u> *Oxalufã*

● LUA NOVA

Lua Vazia: 30/07 00:59h até 31/07 14:25h

JULHO

Que sua alma seja tocada pela graça de Oxalufã e floresça em alegria.

ODU DO DIA
Ofun

ACESSE AS
PREVISÕES
DE HOJE

07h

08h

09h

10h

11h

12h

13h

14h

15h

16h

17h

18h

19h

20h

21h

ANOTAÇÕES:

JULHO

Odu Ejiokô NO ASPECTO *negativo*

ORIXÁ REGENTE: *Exu Eleguá*

● LUA NOVA

Lua Vazia: 30/07 00:59h até 31/07 14:25h

31

QUINTA

07h

08h

09h

10h

11h

12h

13h

14h

15h

16h

17h

18h

19h

20h

21h

ANOTAÇÕES:

Cada despertar é uma nova chance que Exu Eleguá lhe oferece para ser feliz.

ODU DO DIA
Ejiokô

ACESSE AS
PREVISÕES
DE HOJE

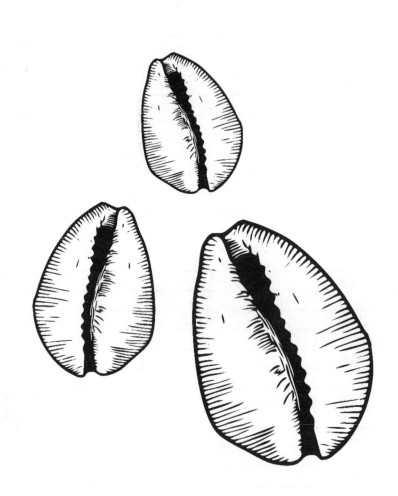

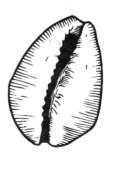

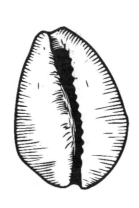

AGOSTO

ODU DO MÊS: EJIOGBÊ

O impossível é apenas questão de opinião

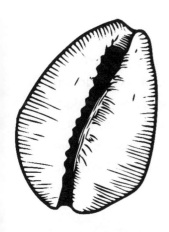

PREVISÕES PARA AGOSTO

Sob a influência do Odu Ejiogbê, estamos diante de um período de confusões, perseguições e possíveis traições. Essas ameaças pedem atenção redobrada, especialmente nas relações pessoais e profissionais. É um momento delicado, onde nem tudo é o que parece, e é essencial estar alerta para evitar surpresas desagradáveis daqueles em quem confiamos. Isso vale, sobretudo, para os relacionamentos amorosos, onde fofocas e falatórios podem semear desconfiança.

Mais do que ouvir o que é dito, é preciso observar as entrelinhas e as subjetividades daqueles com quem nos relacionamos, pois muitas vezes as verdades mais importantes estão escondidas por detrás daquilo que se faz e não se fala. Além disso, é importante lembrar que a linguagem corporal pode revelar sinais valiosos. Estar atenta a esses sinais pode fazer toda a diferença, ajudando a evitar situações complicadas.

Este é um mês que exige cautela, mas que também oferece a chance de crescer e prosperar, desde que você se prepare e aja com sabedoria. Apesar das ameaças que rondam o período, o mês traz oportunidades de crescimento financeiro e a prosperidade está ao seu alcance, mas é necessário manter o foco nos seus objetivos. Planejamento e estratégia serão seus aliados para superar as adversidades. Buscar orientação espiritual através do Jogo de Búzios também pode ser uma ajuda valiosa nesse momento.

Para se proteger das influências negativas que permeiam este mês, é aconselhável tomar banhos de acaçá dissolvido em água com Waji todas as sextas-feiras, da cabeça aos pés. Além disso, oferecer uma farofa de farinha de mandioca com Waji em uma estrada movimentada, pedindo a Exu Akesan que leve embora as energias ruins, também é uma poderosa forma de limpar os caminhos e afastar as adversidades.

AGOSTO

Odu Ossá NO ASPECTO *positivo*

ORIXÁ REGENTE: *Iansã*

☽ LUA CRESCENTE

01

SEXTA

07h _____

08h _____

09h _____

10h _____

11h _____

12h _____

13h _____

14h _____

15h _____

16h _____

17h _____

18h _____

19h _____

20h _____

21h _____

A força que você precisa já está dentro de você: é Iansã quem lhe fortalece.

ODU DO DIA *Ossá*

ACESSE AS PREVISÕES DE HOJE

ANOTAÇÕES:

02

SÁBADO

Que sua caminhada seja abençoada por Oxalufã e você alcance grandes realizações.

ODU DO DIA
Ofun

ACESSE AS
PREVISÕES
DE HOJE

07h

08h

09h

10h

11h

12h

13h

14h

15h

16h

17h

18h

19h

20h

21h

ANOTAÇÕES:

Odu Ejiokô NO ASPECTO *positivo*

ORIXÁ REGENTE: *Ibeji*

☾ LUA CRESCENTE

Lua Vazia: 02/08 22:07h até 03/08 03:00h

AGOSTO

03

DOMINGO

Dia da Capoeira

07h _____

08h _____

09h _____

10h _____

11h _____

12h _____

13h _____

14h _____

15h _____

16h _____

17h _____

18h _____

19h _____

20h _____

21h _____

Não há o que temer! A força de Ibeji cuida de cada detalhe do seu dia.

ODU DO DIA
Ejiokô

ACESSE AS
PREVISÕES
DE HOJE

ANOTAÇÕES:

04

SEGUNDA

Dia do Sacerdote Religioso

Tudo se renova! Deixe Ogum guiar suas escolhas e sua jornada.

ODU DO DIA
Ogundá

ACESSE AS
PREVISÕES
DE HOJE

07h

08h

09h

10h

11h

12h

13h

14h

15h

16h

17h

18h

19h

20h

21h

ANOTAÇÕES:

Odu Irossun NO ASPECTO *positivo*

ORIXÁ REGENTE: *Iemanjá*

☾ LUA CRESCENTE
Lua Vazia: 05/08 12:28h até 05/08 14:04h

05
TERÇA

AGOSTO

07h	
08h	
09h	
10h	
11h	
12h	
13h	
14h	
15h	
16h	
17h	
18h	
19h	
20h	
21h	

Você está exatamente onde deveria estar. Acredite nas bênçãos de Iemanjá!

ODU DO DIA *Irossun*

ACESSE AS
PREVISÕES
DE HOJE

ANOTAÇÕES:

06

QUARTA

Que seu dia seja repleto de paz sob a proteção de Oxum.

ODU DO DIA
Oxê

ACESSE AS
PREVISÕES
DE HOJE

	07h
	08h
	09h
	10h
	11h
	12h
	13h
	14h
	15h
	16h
	17h
	18h
	19h
	20h
	21h

ANOTAÇÕES:

Odu Obará NO ASPECTO *negativo*

ORIXÁ REGENTE: *Xangô*

☾ LUA CRESCENTE
Lua Vazia: 06/08 14:40h até 07/08 22:18h

AGOSTO

07

QUINTA

07h _____

08h _____

09h _____

10h _____

11h _____

12h _____

13h _____

14h _____

15h _____

16h _____

17h _____

18h _____

19h _____

20h _____

21h _____

Sua intuição é a bússola que Xangô usa para guiar seus passos.

ODU DO DIA *Obará*

ACESSE AS
PREVISÕES
DE HOJE

ANOTAÇÕES:

08

SEXTA

Odu Odi NO ASPECTO *positivo*

<u>ORIXÁ REGENTE:</u> *Omolu*

☾ LUA CRESCENTE

AGOSTO

Siga em frente e confie no tempo de Omolu: o que é seu está a caminho.

ODU DO DIA
Odi

ACESSE AS
PREVISÕES
DE HOJE

07h

08h

09h

10h

11h

12h

13h

14h

15h

16h

17h

18h

19h

20h

21h

ANOTAÇÕES:

AGOSTO

Odu Ejionilé NO ASPECTO *negativo*

ORIXÁ REGENTE: *Oxoguiã*

O LUA CHEIA
Lua Vazia: 09/08 04:55h até 10/08 03:50h

09

SÁBADO

07h _____

08h _____

09h _____

10h _____

11h _____

12h _____

13h _____

14h _____

15h _____

16h _____

17h _____

18h _____

19h _____

20h _____

21h _____

ANOTAÇÕES:

Que sua vida floresça com as bênçãos que Oxoguiã plantou em seu destino.

ODU DO DIA *Ejionilé*

ACESSE AS
PREVISÕES
DE HOJE

10

DOMINGO

Odu Ossá NO ASPECTO *negativo*

<u>ORIXÁ REGENTE:</u> *Obá*

O LUA CHEIA

Lua Vazia: 09/08 04:55h até 10/08 03:50h

AGOSTO

Acredite! A serenidade de Iemanjá lhe trará clareza e paz no dia de hoje.

ODU DO DIA
Ossá

ACESSE AS
PREVISÕES
DE HOJE

	07h
	08h
	09h
	10h
	11h
	12h
	13h
	14h
	15h
	16h
	17h
	18h
	19h
	20h
	21h

ANOTAÇÕES:

AGOSTO

Odu Ofun NO ASPECTO *negativo*

ORIXÁ REGENTE: *Oxalufã*

O LUA CHEIA
Lua Vazia: 11/08 03:54h até 12/08 07:33h

11

SEGUNDA

07h _____

08h _____

09h _____

10h _____

11h _____

12h _____

13h _____

14h _____

15h _____

16h _____

17h _____

18h _____

19h _____

20h _____

21h _____

Siga em confiança! A luz de Oxalufã está mostrando o melhor caminho.

ODU DO DIA
Ofun

ACESSE AS
PREVISÕES
DE HOJE

ANOTAÇÕES:

12

TERÇA

Odu Ejíokô NO ASPECTO *negativo*

ORIXÁ REGENTE: *Exu Eleguá*

O LUA CHEIA

Lua Vazia: 11/08 03:54h até 12/08 07:33h

AGOSTO

O poder de Exu Eleguá vive dentro de você: use-o para transformar o seu dia.

ODU DO DIA
Ejíokô

ACESSE AS
PREVISÕES
DE HOJE

	07h
	08h
	09h
	10h
	11h
	12h
	13h
	14h
	15h
	16h
	17h
	18h
	19h
	20h
	21h

ANOTAÇÕES:

AGOSTO

Odu Ogundá NO ASPECTO *negativo*

ORIXÁ REGENTE: *Ogum*

O LUA CHEIA

Lua Vazia: 13/08 19:54h até 14/08 10:22h

Dia de Exu / Dia da Quimbanda / Dia dos Pais

13

QUARTA

07h _____

08h _____

09h _____

10h _____

11h _____

12h _____

13h _____

14h _____

15h _____

16h _____

17h _____

18h _____

19h _____

20h _____

21h _____

Que o amor e a sabedoria de Ogum guiem seus passos hoje e sempre.

ODU DO DIA *Ogundá*

ACESSE AS PREVISÕES DE HOJE

ANOTAÇÕES:

14

QUINTA

Odu Irossun NO ASPECTO *negativo*

ORIXÁ REGENTE: *Iemanjá*

O LUA CHEIA
Lua Vazia: 13/08 19:54h até 14/08 10:22h

AGOSTO

Você é capaz de muito mais do que imagina!
Iemanjá é quem comanda o seu destino!

ODU DO DIA *Irossun*

ACESSE AS
PREVISÕES
DE HOJE

	07h
	08h
	09h
	10h
	11h
	12h
	13h
	14h
	15h
	16h
	17h
	18h
	19h
	20h
	21h

ANOTAÇÕES:

Odu Oxê NO ASPECTO *positivo*

ORIXÁ REGENTE: *Oxum*

O LUA CHEIA

AGOSTO

15

SEXTA

07h _____

08h _____

09h _____

10h _____

11h _____

12h _____

13h _____

14h _____

15h _____

16h _____

17h _____

18h _____

19h _____

20h _____

21h _____

Hoje é o dia perfeito para recomeçar! Acredite: Oxum está com você.

ODU DO DIA
Oxê

ACESSE AS
PREVISÕES
DE HOJE

ANOTAÇÕES:

16

SÁBADO

Odu Obará NO ASPECTO *negativo*

<u>ORIXÁ REGENTE</u>: *Xangô*

☽ LUA MINGUANTE

Lua Vazia: 16/08 02:12h até 16/08 13:00h

AGOSTO

Dia de São Roque / Dia de Obaluaiê

As bênçãos de Xangô se manifestam em sua vida. Fé e confiança sempre!

ODU DO DIA
Obará

ACESSE AS PREVISÕES DE HOJE

	07h
	08h
	09h
	10h
	11h
	12h
	13h
	14h
	15h
	16h
	17h
	18h
	19h
	20h
	21h

ANOTAÇÕES:

Odu Odi NO ASPECTO *negativo*

ORIXÁ REGENTE: *Exu*

☽ LUA MINGUANTE

AGOSTO

17

DOMINGO

07h _____

08h _____

09h _____

10h _____

11h _____

12h _____

13h _____

14h _____

15h _____

16h _____

17h _____

18h _____

19h _____

20h _____

21h _____

Acalme o coração e deixe-se curar pela força de Exu em sua vida.

ODU DO DIA *Odi*

ACESSE AS PREVISÕES DE HOJE

ANOTAÇÕES:

18

SEGUNDA

Erga a cabeça! Sua fé em Oxoguiã lhe trará a força necessária para vencer qualquer desafio.

ODU DO DIA
Ejionilé

ACESSE AS
PREVISÕES
DE HOJE

	07h
	08h
	09h
	10h
	11h
	12h
	13h
	14h
	15h
	16h
	17h
	18h
	19h
	20h
	21h

ANOTAÇÕES:

Odu Ossá NO ASPECTO *negativo*

ORIXÁ REGENTE: *Iemanjá*

☽ LUA MINGUANTE

AGOSTO

19

TERÇA

07h _____

08h _____

09h _____

10h _____

11h _____

12h _____

13h _____

14h _____

15h _____

16h _____

17h _____

18h _____

19h _____

20h _____

21h _____

ANOTAÇÕES:

Pelo dia de hoje e sempre, que Obá preencha seu dia com alegria e gratidão.

ODU DO DIA
Ossá

ACESSE AS
PREVISÕES
DE HOJE

20

QUARTA

Odu Ofun NO ASPECTO *negativo*

ORIXÁ REGENTE: *Oxalufã*

☽ LUA MINGUANTE

Lua Vazia: 20/08 09:27h até 20/08 20:16h

AGOSTO

A vitória está chegando!
Confie no plano que Oxalufã preparou
especialmente para você.

ODU DO DIA
Ofun

ACESSE AS
PREVISÕES
DE HOJE

07h

08h

09h

10h

11h

12h

13h

14h

15h

16h

17h

18h

19h

20h

21h

ANOTAÇÕES:

AGOSTO

Odu Ejiokô NO ASPECTO *negativo*

Orixá Regente: *Exu Eleguá*

☽ LUA MINGUANTE

Lua Vazia: 21/08 15:13h até 23/08 02:24h

21

QUINTA

07h _____

08h _____

09h _____

10h _____

11h _____

12h _____

13h _____

14h _____

15h _____

16h _____

17h _____

18h _____

19h _____

20h _____

21h _____

O universo conspira a seu favor! Deixe Omolu guiar seus passos e siga em frente.

ODU DO DIA *Ejiokô*

ACESSE AS PREVISÕES DE HOJE

ANOTAÇÕES:

22

SEXTA

Odu Ogundá NO ASPECTO *negativo*

<u>ORIXÁ REGENTE:</u> *Ogum*

☽ LUA MINGUANTE

AGOSTO

Acredite: a cada novo dia, Ogum lhe oferece uma nova chance para ser feliz.

ODU DO DIA
Ogundá

ACESSE AS
PREVISÕES
DE HOJE

07h

08h

09h

10h

11h

12h

13h

14h

15h

16h

17h

18h

19h

20h

21h

ANOTAÇÕES:

AGOSTO

Odu Irossun NO ASPECTO *negativo*

ORIXÁ REGENTE: *Iemanjá*

● LUA NOVA

Lua Vazia: 21/08 15:13h até 23/08 02:24h

23

SÁBADO

07h _____

08h _____

09h _____

10h _____

11h _____

12h _____

13h _____

14h _____

15h _____

16h _____

17h _____

18h _____

19h _____

20h _____

21h _____

ANOTAÇÕES:

Que sua caminhada seja leve e seu coração lhe permita receber as bênçãos de Iemanjá.

ODU DO DIA
Irossun

ACESSE AS
PREVISÕES
DE HOJE

24

DOMINGO

Odu Oxê NO ASPECTO *positivo*

<u>ORIXÁ REGENTE:</u> *Oxum*

● LUA NOVA

AGOSTO

Dia de São Bartolomeu / Dia de Oxumarê

Fé e determinação hoje e sempre!
Você está no caminho certo e
Oxum está ao seu lado.

ODU DO DIA
Oxê

ACESSE AS
PREVISÕES
DE HOJE

07h

08h

09h

10h

11h

12h

13h

14h

15h

16h

17h

18h

19h

20h

21h

ANOTAÇÕES:

Odu Obará NO ASPECTO *positivo*

<u>ORIXÁ REGENTE</u>: *Oxóssi*

● LUA NOVA
Lua Vazia: 25/08 10:53h até 25/08 11:08h

AGOSTO

25
SEGUNDA

07h	
08h	
09h	
10h	
11h	
12h	
13h	
14h	
15h	
16h	
17h	
18h	
19h	
20h	
21h	

A proteção de Oxóssi está com você! Siga em frente com coragem e conquiste o impossível.

ODU DO DIA *Obará*

ACESSE AS
PREVISÕES
DE HOJE

ANOTAÇÕES:

26

TERÇA

Odu Odi NO ASPECTO *negativo*

ORIXÁ REGENTE: *Ogum*

● LUA NOVA

Lua Vazia: 26/08 23:06h até 27/08 22:27h

AGOSTO

Apesar dos desafios, a cada dia Exu lhe dá a oportunidade de ser ainda mais forte.

ODU DO DIA
Odi

ACESSE AS
PREVISÕES
DE HOJE

07h

08h

09h

10h

11h

12h

13h

14h

15h

16h

17h

18h

19h

20h

21h

ANOTAÇÕES:

Odu Ejíonílé NO ASPECTO *negativo*

<u>ORIXÁ REGENTE</u>: *Xangô Airá*

● LUA NOVA

Lua Vazia: 26/08 23:06h até 27/08 22:27h

27

AGOSTO

QUARTA

07h _____

08h _____

09h _____

10h _____

11h _____

12h _____

13h _____

14h _____

15h _____

16h _____

17h _____

18h _____

19h _____

20h _____

21h _____

ANOTAÇÕES:

Um novo dia raiou! Que a luz de Xangô Airá ilumine seu coração para vencer as incertezas.

ODU DO DIA *Ejíonílé*

ACESSE AS
PREVISÕES
DE HOJE

28

QUINTA

Odu Ossá NO ASPECTO *negativo*

<u>ORIXÁ REGENTE:</u> *Iyewá*

● LUA NOVA

AGOSTO

Você é guiado pela sabedoria de Obá em todos os momentos. Confie na sua intuição.

ODU DO DIA

Ossá

ACESSE AS
PREVISÕES
DE HOJE

07h

08h

09h

10h

11h

12h

13h

14h

15h

16h

17h

18h

19h

20h

21h

ANOTAÇÕES:

Odu Ofun NO ASPECTO *negativo*

<u>ORIXÁ REGENTE:</u> *Oxalufã*

● LUA NOVA

Lua Vazia: 29/08 21:47h até 30/08 11:04h

AGOSTO

29

SEXTA

07h	
08h	
09h	
10h	
11h	
12h	
13h	
14h	
15h	
16h	
17h	
18h	
19h	
20h	
21h	

A paz que você busca está dentro de você! Oxalufã lhe ajudará a encontrá-la.

ODU DO DIA
Ofun

ACESSE AS
PREVISÕES
DE HOJE

ANOTAÇÕES:

30

SÁBADO

AGOSTO

Odu Ejíokô NO ASPECTO *negativo*

<u>ORIXÁ REGENTE:</u> *Exu Eleguá*

● LUA NOVA

Lua Vazia: 29/08 21:47h até 30/08 11:04h

Respire fundo! A força de Exu Eleguá lhe conduzirá pelos caminhos da sabedoria e do amor.

ODU DO DIA
Ejíokô

ACESSE AS
PREVISÕES
DE HOJE

	07h
	08h
	09h
	10h
	11h
	12h
	13h
	14h
	15h
	16h
	17h
	18h
	19h
	20h
	21h

ANOTAÇÕES:

Odu Ogundá NO ASPECTO *positivo*

ORIXÁ REGENTE: *Ogum*

☾ LUA CRESCENTE

AGOSTO

31

DOMINGO

07h _____

08h _____

09h _____

10h _____

11h _____

12h _____

13h _____

14h _____

15h _____

16h _____

17h _____

18h _____

19h _____

20h _____

21h _____

Com dúvidas ou com certezas, hoje é o dia de confiar no que Ogum preparou para você.

ODU DO DIA *Ogundá*

ACESSE AS
PREVISÕES
DE HOJE

ANOTAÇÕES:

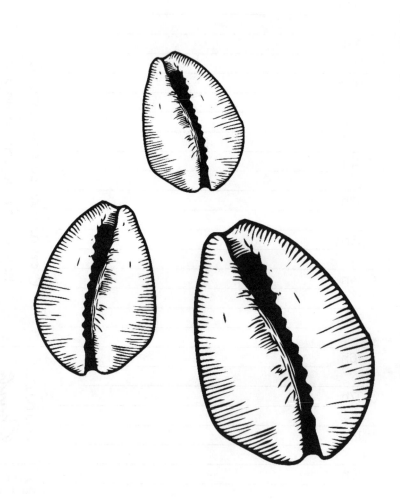

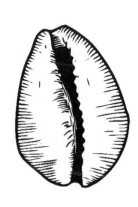

SETEMBRO

Odu do mês: Ossá

A felicidade vem a quem assume seu destino

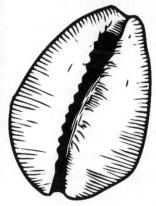

PREVISÕES PARA SETEMBRO

Sob a influência do Odu Ossá, este mês se apresenta como um tempo de transformação e renovação. Com a regência da Orixá Iansã, você recebe a coragem e o impulso necessários para realizar seus desejos e planos, especialmente aqueles mais desafiadores que foram postergados. Este é um momento de renovação da paixão e sensualidade, tornando-o ideal para avançar em relacionamentos significativos.

Além disso, surgem oportunidades positivas em negócios e carreira. Se você está pensando em abrir seu próprio negócio ou assinar novos contratos, este é o momento certo para agir. A influência do Odu Ossá cria um período favorável para empreendimentos comerciais e transações contratuais, possibilitando que seus esforços tragam êxito e prosperidade. Não perca essa chance de seguir em frente com seus planos. Para garantir que contratos, documentos e processos sigam o melhor caminho possível, realizar oferendas de ebós com amalás e acarajés aos Orixás será muito benéfico.

As paixões surgirão com toda a força e há grandes possibilidades de gravidez para mulheres em período fértil – especialmente na primeira quinzena do mês. Os ventos do mundo e dos seus pensamentos trazem a oportunidade de corrigir ações passadas e iniciar projetos que foram adiados. Encontrar harmonia entre o seu ritmo pessoal e o do Universo é essencial. Assim, não se apresse e tropece em si mesma, nem se arraste por medo de errar e acabar estagnada. O equilíbrio é a chave para navegar por este período.

Para potencializar essa energia positiva, que tal perfumar seu lar com os incensos da **Casa Arole**? Para este mês, os blends de **Abre Caminhos e Prosperidade e de Energia de Coragem** são especialmente recomendados. Acesse **www.casaa-role.com.br** e aproveite para criar um ambiente que harmonize com as vibrações deste período.

Odu Ofun NO ASPECTO *positivo*

<u>ORIXÁ REGENTE:</u> *Oxalufã*

☾ LUA CRESCENTE
Lua Vazia: 01/09 22:38h até 01/09 22:44h

01
SETEMBRO

SEGUNDA

07h _____

08h _____

09h _____

10h _____

11h _____

12h _____

13h _____

14h _____

15h _____

16h _____

17h _____

18h _____

19h _____

20h _____

21h _____

Mantenha a calma. Oxalufã renovará sua esperança e lhe mostrará que tudo é possível.

ODU DO DIA
Ofun

ACESSE AS
PREVISÕES
DE HOJE

ANOTAÇÕES:

02

TERÇA

O poder de Ogum está sempre presente!
Confie e siga em frente com fé e confiança.

ODU DO DIA
Ejiokô

ACESSE AS
PREVISÕES
DE HOJE

07h

08h

09h

10h

11h

12h

13h

14h

15h

16h

17h

18h

19h

20h

21h

ANOTAÇÕES:

Odu Ogundá NO ASPECTO *positivo*

ORIXÁ REGENTE: *Ogum*

☾ LUA CRESCENTE

SETEMBRO

03

QUARTA

07h _____

08h _____

09h _____

10h _____

11h _____

12h _____

13h _____

14h _____

15h _____

16h _____

17h _____

18h _____

19h _____

20h _____

21h _____

ANOTAÇÕES:

As bênçãos de Ogum estão chegando em sua vida: aceite-as e conquista seus sonhos.

ODU DO DIA *Ogundá*

ACESSE AS PREVISÕES DE HOJE

04

QUINTA

Odu Irossun NO ASPECTO *positivo*

<u>ORIXÁ REGENTE:</u> *Iemanjá*

☾ LUA CRESCENTE

Lua Vazia: 04/09 07:08h até 04/09 07:32h

SETEMBRO

Sua jornada é guiada por Iemanjá!
Acredite no que está por vir
e siga em frente.

ODU DO DIA
Irossun

ACESSE AS
PREVISÕES
DE HOJE

	07h
	08h
	09h
	10h
	11h
	12h
	13h
	14h
	15h
	16h
	17h
	18h
	19h
	20h
	21h

ANOTAÇÕES:

Odu Oxê NO ASPECTO *negativo*

ORIXÁ REGENTE: *Oxum*

☾ LUA CRESCENTE
Lua Vazia: 05/09 17:51h até 06/09 12:54h

SETEMBRO

05

SEXTA
Dia dos Irmãos

07h _____

08h _____

09h _____

10h _____

11h _____

12h _____

13h _____

14h _____

15h _____

16h _____

17h _____

18h _____

19h _____

20h _____

21h _____

ANOTAÇÕES:

Nenhuma dor é para sempre!
Que Oxum lhe encha de coragem
para enfrentar qualquer desafio.

ODU DO DIA
Oxê

ACESSE AS
PREVISÕES
DE HOJE

06

SÁBADO

Odu Obará NO ASPECTO *negativo*

ORIXÁ REGENTE: *Xangô*

☾ LUA CRESCENTE

Lua Vazia: 05/09 17:51h até 06/09 12:54h

SETEMBRO

Fé, coragem e esperança! O amor e a proteção de Xangô estão em cada passo que você dá.

ODU DO DIA
Obará

ACESSE AS
PREVISÕES
DE HOJE

07h

08h

09h

10h

11h

12h

13h

14h

15h

16h

17h

18h

19h

20h

21h

ANOTAÇÕES:

Odu Odi NO ASPECTO *positivo*

ORIXÁ REGENTE: *Omolu*

O LUA CHEIA

SETEMBRO

07

DOMINGO

Independência do Brasil

07h

08h

09h

10h

11h

12h

13h

14h

15h

16h

17h

18h

19h

20h

21h

Que o caminho à sua frente seja repleto de paz e realizações, Ossain está ao seu lado.

ODU DO DIA
Odi

ACESSE AS
PREVISÕES
DE HOJE

ANOTAÇÕES:

08

SEGUNDA

Odu Ejiogbê NO ASPECTO *positivo*

<u>ORIXÁ REGENTE:</u> *Xangô Airá*

O LUA CHEIA

Lua Vazia: 08/09 14:44h até 08/09 15:37h

SETEMBRO

Tudo se ajeitará no tempo de Xangô Airá. Hoje, permita-se ser guiado por sua sabedoria.

ODU DO DIA
Ejiogbê

ACESSE AS PREVISÕES DE HOJE

07h

08h

09h

10h

11h

12h

13h

14h

15h

16h

17h

18h

19h

20h

21h

ANOTAÇÕES:

Odu Ossá NO ASPECTO *positivo*

<u>ORIXÁ REGENTE</u>: *Iansã*

O LUA CHEIA

SETEMBRO

09

TERÇA

07h _____

08h _____

09h _____

10h _____

11h _____

12h _____

13h _____

14h _____

15h _____

Coração em paz e cabeça erguia: cada manhã é uma nova chance de Obá para você ser feliz.

16h _____

17h _____

18h _____

ODU DO DIA
Ossá

19h _____

20h _____

21h _____

ACESSE AS
PREVISÕES
DE HOJE

ANOTAÇÕES:

10

QUARTA

Não deixe os medos lhe dominarem. Hoje, Oxalufã lhe trará as respostas que você tanto procura!

ODU DO DIA
Ofun

ACESSE AS
PREVISÕES
DE HOJE

	07h
	08h
	09h
	10h
	11h
	12h
	13h
	14h
	15h
	16h
	17h
	18h
	19h
	20h
	21h

ANOTAÇÕES:

Odu Ejiokô NO ASPECTO *positivo*

<u>Orixá Regente:</u> *Ibeji*

○ LUA CHEIA

SETEMBRO

11

QUINTA

07h _____

08h _____

09h _____

10h _____

11h _____

12h _____

13h _____

14h _____

15h _____

16h _____

17h _____

18h _____

19h _____

20h _____

21h _____

ANOTAÇÕES:

No dia de hoje, Ibeji lhe dará a força necessária para superar qualquer desafio.

ODU DO DIA *Ejiokô*

ACESSE AS PREVISÕES DE HOJE

12

SEXTA

Odu Ogundá NO ASPECTO *positivo*

<u>ORIXÁ REGENTE:</u> *Ogum*

○ LUA CHEIA
Lua Vazia: 12/09 17:14h até 12/09 18:38h

SETEMBRO

Mantenha a fé e siga em frente! Ogum está preparando algo maravilhoso para você.

ODU DO DIA *Ogundá*

ACESSE AS
PREVISÕES
DE HOJE

07h

08h

09h

10h

11h

12h

13h

14h

15h

16h

17h

18h

19h

20h

21h

ANOTAÇÕES:

Odu Irossun NO ASPECTO *positivo*

ORIXÁ REGENTE: *Iemanjá*

O LUA CHEIA

SETEMBRO

13

SÁBADO

07h _____

08h _____

09h _____

10h _____

11h _____

12h _____

13h _____

14h _____

15h _____

16h _____

17h _____

18h _____

19h _____

20h _____

21h _____

ANOTAÇÕES:

Meu maior desejo? Que Iemanjá cubra sua vida com prosperidade, amor e paz.

ODU DO DIA *Irossun*

ACESSE AS PREVISÕES DE HOJE

14

DOMINGO

Odu Oxê NO ASPECTO *negativo*

ORIXÁ REGENTE: *Oxum*

☽ LUA MINGUANTE
Lua Vazia: 14/09 19:46h até 14/09 21:30h

SETEMBRO

Agradeça e siga em frente!
Oxum abrirá os seus caminhos
para a vitória!

ODU DO DIA
Oxê

ACESSE AS
PREVISÕES
DE HOJE

	07h
	08h
	09h
	10h
	11h
	12h
	13h
	14h
	15h
	16h
	17h
	18h
	19h
	20h
	21h

ANOTAÇÕES:

Odu Obará NO ASPECTO *negativo*

ORIXÁ REGENTE: *Xangô*

☽ LUA MINGUANTE

SETEMBRO

15

SEGUNDA

07h _____

08h _____

09h _____

10h _____

11h _____

12h _____

13h _____

14h _____

15h _____

16h _____

17h _____

18h _____

19h _____

20h _____

21h _____

Abra o coração e agradeça: Xangô é quem trará equilíbrio para as suas escolhas!

ODU DO DIA
Obará

ACESSE AS
PREVISÕES
DE HOJE

ANOTAÇÕES:

16

TERÇA

Odu Odi NO ASPECTO *negativo*

<u>ORIXÁ REGENTE:</u> *Exu*

☽ LUA MINGUANTE

SETEMBRO

Agradeça, perdoe e não deseje o mal... E Exu quem lhe protege das más influências!

ODU DO DIA
Odi

ACESSE AS
PREVISÕES
DE HOJE

	07h
	08h
	09h
	10h
	11h
	12h
	13h
	14h
	15h
	16h
	17h
	18h
	19h
	20h
	21h

ANOTAÇÕES:

Odu Ejionilé NO ASPECTO *negativo*

ORIXÁ REGENTE: *Xangô Airá*

☽ LUA MINGUANTE
Lua Vazia: 17/09 00:13h até 17/09 02:20h

17

SETEMBRO

QUARTA

07h

08h

09h

10h

11h

12h

13h

14h

15h

16h

17h

18h

19h

20h

21h

Fé acima de tudo e apesar de tudo!
Tenha certeza: Xangô Airá é por você!

ODU DO DIA
Ejionilé

ACESSE AS
PREVISÕES
DE HOJE

ANOTAÇÕES:

18

QUINTA

Odu Ossá NO ASPECTO *negativo*

<u>ORIXÁ REGENTE</u>: *Iemanjá*

☾ LUA MINGUANTE

SETEMBRO

Enquanto há esperança, há um caminho!
Que Obá lhe dê felicidade!

ODU DO DIA
Ossá

ACESSE AS
PREVISÕES
DE HOJE

07h

08h

09h

10h

11h

12h

13h

14h

15h

16h

17h

18h

19h

20h

21h

ANOTAÇÕES:

Odu Ofun NO ASPECTO *negativo*

<u>Orixá Regente</u>: *Oxalufã*

☽ LUA MINGUANTE
Lua Vazia: 19/09 09:21h até 19/09 09:23h

19

SETEMBRO

SEXTA

07h _____

08h _____

09h _____

10h _____

11h _____

12h _____

13h _____

14h _____

15h _____

16h _____

17h _____

18h _____

19h _____

20h _____

21h _____

Não há caminhos fechados para quem tem fé e gratidão! Confie em Oxalufã!

ODU DO DIA
Ofun

ACESSE AS
PREVISÕES
DE HOJE

ANOTAÇÕES:

20

SÁBADO

Odu Ejiókô NO ASPECTO *negativo*

ORIXÁ REGENTE: *Omolu*

☽ LUA MINGUANTE

SETEMBRO

Você é capaz de superar todos os desafios!
Confie em Omolu e transforme o seu dia!

ODU DO DIA
Ejiókô

ACESSE AS
PREVISÕES
DE HOJE

07h

08h

09h

10h

11h

12h

13h

14h

15h

16h

17h

18h

19h

20h

21h

ANOTAÇÕES:

Odu Ogundá NO ASPECTO *negativo*

<u>ORIXÁ REGENTE</u>: *Ogum*

● LUA NOVA

Lua Vazia: 21/09 16:54h até 21/09 18:41h

SETEMBRO

21

DOMINGO

Dia da Árvore

07h

08h

09h

10h

11h

12h

13h

14h

15h

16h

17h

18h

19h

20h

21h

Felicidade e prosperidade: essas são as promessas de Ogum para o seu dia!

ODU DO DIA *Ogundá*

ACESSE AS
PREVISÕES
DE HOJE

ANOTAÇÕES:

22

SEGUNDA

Início da Primavera

Odu Irossun NO ASPECTO *positivo*

<u>ORIXÁ REGENTE</u>: *Iemanjá*

● LUA NOVA

SETEMBRO

Receba as bênçãos de Iemanjá e permita-se ser feliz por existir: você merece!

ODU DO DIA
Irossun

ACESSE AS
PREVISÕES
DE HOJE

	07h
	08h
	09h
	10h
	11h
	12h
	13h
	14h
	15h
	16h
	17h
	18h
	19h
	20h
	21h

ANOTAÇÕES:

Odu Oxê NO ASPECTO *negativo*

<u>ORIXÁ REGENTE</u>: *Oxum*

● LUA NOVA

Lua Vazia: 23/09 13:02h até 24/09 06:00h

23

SETEMBRO

TERÇA

Dia de Cosme e Damião / Dia de Ibeji

07h _____

08h _____

09h _____

10h _____

11h _____

12h _____

13h _____

14h _____

15h _____

16h _____

17h _____

18h _____

19h _____

20h _____

21h _____

ANOTAÇÕES:

As palavras de Oxum são certeiras: seus caminhos lhe guiarão para a vitória!

ODU DO DIA
Oxê

ACESSE AS
PREVISÕES
DE HOJE

24

QUARTA

Odu Obará NO ASPECTO *negativo*

<u>ORIXÁ REGENTE:</u> *Xangô*

● LUA NOVA

Lua Vazia: 23/09 13:02h até 24/09 06:00h

SETEMBRO

No dia de hoje, que Xangô cubra seu lar e sua família com a felicidade!

ODU DO DIA
Obará

ACESSE AS
PREVISÕES
DE HOJE

	07h
	08h
	09h
	10h
	11h
	12h
	13h
	14h
	15h
	16h
	17h
	18h
	19h
	20h
	21h

ANOTAÇÕES:

Odu Odi NO ASPECTO *negativo*

<u>ORIXÁ REGENTE</u>: *Ogum*

● LUA NOVA

SETEMBRO

25

QUINTA

07h _____

08h _____

09h _____

10h _____

11h _____

12h _____

13h _____

14h _____

15h _____

16h _____

17h _____

18h _____

19h _____

20h _____

21h _____

ANOTAÇÕES:

Olhe para os céus e ouça a voz de Ogum dizendo: você é capaz de transformar a sua vida!

ODU DO DIA
Odi

ACESSE AS
PREVISÕES
DE HOJE

26

SEXTA

Odu Ejíogbê NO ASPECTO *positivo*

<u>ORIXÁ REGENTE</u>: *Oxoguiã*

● LUA NOVA

Lua Vazia: 26/09 14:44h até 26/09 18:37h

SETEMBRO

Um pouco de fé e muita coragem: essa é a receita de Oxoguiã para a sua vitória!

ODU DO DIA
Ejíogbê

ACESSE AS
PREVISÕES
DE HOJE

	07h
	08h
	09h
	10h
	11h
	12h
	13h
	14h
	15h
	16h
	17h
	18h
	19h
	20h
	21h

ANOTAÇÕES:

Odu Ossá NO ASPECTO *negativo*

ORIXÁ REGENTE: *Iemanjá*

● LUA NOVA

SETEMBRO

27

SÁBADO

07h _____

08h _____

09h _____

10h _____

11h _____

12h _____

13h _____

14h _____

15h _____

16h _____

17h _____

18h _____

19h _____

20h _____

21h _____

ANOTAÇÕES:

Se os olhos são o espelho da alma, que Iemanjá faça os seus brilharem de alegria!

ODU DO DIA *Ossá*

ACESSE AS PREVISÕES DE HOJE

28

DOMINGO

Odu Ofun NO ASPECTO *positivo*

<u>ORIXÁ REGENTE:</u> *Oxalufã*

● LUA NOVA

SETEMBRO

Que tal começar o dia sorrindo? Deixe a força de Oxalufã lhe inspirar e guiar o seu destino!

ODU DO DIA
Ofun

ACESSE AS
PREVISÕES
DE HOJE

07h

08h

09h

10h

11h

12h

13h

14h

15h

16h

17h

18h

19h

20h

21h

ANOTAÇÕES:

Odu Owarín NO ASPECTO *positivo*

<u>ORIXÁ REGENTE</u>: *Iansã*

☾ LUA CRESCENTE

Lua Vazia: 29/09 02:44h até 29/09 06:55h

29

SETEMBRO

SEGUNDA

Dia de São Miguel Arcanjo / Dia de Logunedé

07h	
08h	
09h	
10h	
11h	
12h	
13h	
14h	
15h	
16h	
17h	
18h	
19h	
20h	
21h	

ANOTAÇÕES:

Iansã já determinou e hoje é o seu dia de vencer! Confie: a felicidade chegando!

ODU DO DIA
Owarín

ACESSE AS
PREVISÕES
DE HOJE

30

Odu Ogundá NO ASPECTO *positivo*

<u>ORIXÁ REGENTE:</u> *Ogum*

☾ LUA CRESCENTE

TERÇA

Dia de São Jerônimo / Dia de Xangô

SETEMBRO

É nos pequenos sinais do universo que Ogum se manifesta, permita-se enxergá-los!

ODU DO DIA
Ogundá

ACESSE AS
PREVISÕES
DE HOJE

07h

08h

09h

10h

11h

12h

13h

14h

15h

16h

17h

18h

19h

20h

21h

ANOTAÇÕES:

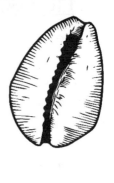

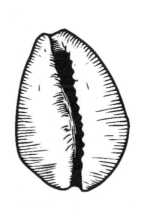

OUTUBRO

Odu do mês: Ofun

Paciência é a virtude de quem sabe onde quer chegar

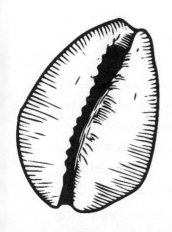

Previsões para Outubro

Neste novo mês sob a orientação do Odu Ofun, você experimentará um mergulho profundo nos contrastes da vida, como se pudesse vislumbrar o futuro que lhe aguarda. Com isso, que tal desacelerar o passo para perceber o que Oxalá lhe mostrará e preparar-se da melhor maneira possível para aquilo que está por vir? Com o passar dos dias e a consciência atenta, você perceberá o verdadeiro valor da existência

Neste período, ainda, um ciclo significativo se fechará e será preciso ter tranquilidade para aceitar isso. Afinal, quer você queira, quer não, algumas coisas definitivamente não foram feitas para ficar. É chegado o momento de se libertar das amarras do passado que por tanto tempo lhe prenderam.

O Odu Ofun simboliza o caminho da permanência, da estabilidade e da continuação das coisas. Assim, embora os resultados possam demorar a chegar, aquilo com que Ofun nos abençoa é sempre duradouro. Por isso, com a proteção dos Orixás da Criação, neste período você terá a oportunidade de consolidar suas conquistas e metas.

Este é um tempo precioso para refletir sobre seus sucessos e desafios, e para planejar os próximos passos. Porém, é fundamental tomar cuidado para que esse planejamento não se confunda com teimosia em manter os padrões, comportamentos e escolhas praticados no passado. Sob sua influência, você também será inspirada a agir com justiça, sinceridade e generosidade.

Às sextas-feiras, ofereça canjica cozida e fria a Oxalá, em uma tigela branca. Na semana seguinte, substitua a canjica por uma nova e despeje a anterior em um jardim ou córrego de água limpa. Use a água do cozimento da nova canjica para se banhar da cabeça aos pés antes de dormir, fortalecendo sua conexão com a espiritualidade e a serenidade que o Odu Ofun proporciona.

Odu Owarín NO ASPECTO *positivo*

ORIXÁ REGENTE: *Iansã*

☾ LUA CRESCENTE
Lua Vazia: 01/10 12:33h até 01/10 16:51h

OUTUBRO

01

QUARTA

07h _____

08h _____

09h _____

10h _____

11h _____

12h _____

13h _____

14h _____

15h _____

16h _____

17h _____

18h _____

19h _____

20h _____

21h _____

Quando tudo parecer perdido, que Iansã seja a luz da esperança a lhe guiar!

ODU DO DIA *Owarin*

ACESSE AS
PREVISÕES
DE HOJE

ANOTAÇÕES:

02

QUINTA

Dia do Anjo da Guarda

Odu Ejilaxeborá NO ASPECTO *positivo*

<u>Orixá Regente</u>: *Xangô*

☽ LUA CRESCENTE

OUTUBRO

Nas encruzilhadas da vida, que Exu guie os seus passos e abençoe o seu caminho!

Odu do Dia
Ejilaxeborá

ACESSE AS
PREVISÕES
DE HOJE

07h

08h

09h

10h

11h

12h

13h

14h

15h

16h

17h

18h

19h

20h

21h

ANOTAÇÕES:

Odu Ojíologbon NO ASPECTO *negativo*

ORIXÁ REGENTE: *Nanã*

☾ LUA CRESCENTE
Lua Vazia: 03/10 15:15h até 03/10 23:07h

OUTUBRO

03

SEXTA

07h _____

08h _____

09h _____

10h _____

11h _____

12h _____

13h _____

14h _____

15h _____

Vida longa, saúde e felicidade: que as bênçãos de Nanã lhe cubram por todo o dia!

16h _____

17h _____

18h _____

ODU DO DIA *Ojíologbon*

19h _____

20h _____

21h _____

ACESSE AS
PREVISÕES
DE HOJE

ANOTAÇÕES:

04

SÁBADO

Dia da Natureza / Dia de Irôco

Odu Iká NO ASPECTO *positivo*

<u>ORIXÁ REGENTE</u>: *Oxumarê*

☾ LUA CRESCENTE

OUTUBRO

Já ouviu seu bater coração hoje?
É Iyewá dizendo que chegou a hora de vencer!

ODU DO DIA
Iká

ACESSE AS
PREVISÕES
DE HOJE

	07h
	08h
	09h
	10h
	11h
	12h
	13h
	14h
	15h
	16h
	17h
	18h
	19h
	20h
	21h

ANOTAÇÕES:

Odu Obeogundá NO ASPECTO *positivo*

ORIXÁ REGENTE: *Obá*

☾ LUA CRESCENTE

Lua Vazia: 05/10 21:29h até 06/10 01:48h

OUTUBRO

05

DOMINGO

07h	
08h	
09h	
10h	
11h	
12h	
13h	
14h	
15h	
16h	
17h	
18h	
19h	
20h	
21h	

Acredite: apesar dos medos, tudo é possível com a força de Obá!

ODU DO DIA
Obeogundá

ACESSE AS
PREVISÕES
DE HOJE

ANOTAÇÕES:

06

SEGUNDA

Abra o seu coração e receba as bênçãos que Orunmilá está derramando sobre você.

ODU DO DIA
Aláfia

ACESSE AS
PREVISÕES
DE HOJE

	07h
	08h
	09h
	10h
	11h
	12h
	13h
	14h
	15h
	16h
	17h
	18h
	19h
	20h
	21h

ANOTAÇÕES:

Odu Ejionilé NO ASPECTO *negativo*

ORIXÁ REGENTE: *Oxoguiã*

O LUA CHEIA
Lua Vazia: 07/10 15:23h até 08/10 02:12h

OUTUBRO

07

TERÇA

07h _____

08h _____

09h _____

10h _____

11h _____

12h _____

13h _____

14h _____

15h _____

16h _____

17h _____

18h _____

19h _____

20h _____

21h _____

ANOTAÇÕES:

Que Oxoguiã renove sua esperança e lhe inspire com a certeza de dias melhores.

ODU DO DIA *Ejionilé*

ACESSE AS PREVISÕES DE HOJE

08

QUARTA

Odu Ossá NO ASPECTO *negativo*

ORIXÁ REGENTE: *Obá*

O LUA CHEIA
Lua Vazia: 07/10 15:23h até 08/10 02:12h

OUTUBRO

O que você busca está mais perto do que imagina! Confie na força de Iyewá.

ODU DO DIA
Ossá

ACESSE AS
PREVISÕES
DE HOJE

	07h
	08h
	09h
	10h
	11h
	12h
	13h
	14h
	15h
	16h
	17h
	18h
	19h
	20h
	21h

ANOTAÇÕES:

Odu Ofun NO ASPECTO *positivo*

ORIXÁ REGENTE: *Oxalufã*

O LUA CHEIA
Lua Vazia: 09/10 21:31h até 10/10 02:12h

OUTUBRO

09

QUINTA

07h _____

08h _____

09h _____

10h _____

11h _____

12h _____

13h _____

14h _____

15h _____

16h _____

17h _____

18h _____

19h _____

20h _____

21h _____

ANOTAÇÕES:

Confie! Sua fé em Oxalufã será o farol que iluminará os seus caminhos.

ODU DO DIA
Ofun

ACESSE AS
PREVISÕES
DE HOJE

10

SEXTA

Odu Owarin NO ASPECTO *positivo*

<u>Orixá Regente</u>: *Iansã*

O LUA CHEIA
Lua Vazia: 09/10 21:31h até 10/10 02:12h

OUTUBRO

Um novo ciclo de felicidade começa agora! Siga em frente com Iansã ao seu lado.

ODU DO DIA
Owarin

ACESSE AS PREVISÕES DE HOJE

07h

08h

09h

10h

11h

12h

13h

14h

15h

16h

17h

18h

19h

20h

21h

ANOTAÇÕES:

Odu Ejilaxeborá NO ASPECTO *positivo*

ORIXÁ REGENTE: *Xangô*

○ LUA CHEIA
Lua Vazia: 11/10 23:55h até 12/10 03:37h

OUTUBRO

11

SÁBADO

07h _____

08h _____

09h _____

10h _____

11h _____

12h _____

13h _____

14h _____

15h _____

16h _____

17h _____

18h _____

19h _____

20h _____

21h _____

ANOTAÇÕES:

Respire fundo e sinta a proteção de Xangô em cada passo que você dá.

ODU DO DIA
Ejilaxeborá

ACESSE AS PREVISÕES DE HOJE

12

DOMINGO

Odu Ojiologbon NO ASPECTO *positivo*

<u>ORIXÁ REGENTE:</u> *Nanã*

O LUA CHEIA
Lua Vazia: 11/10 23:55h até 12/10 03:37h

Dia de Nossa Senhora Aparecida / Dia de Oxum / Dia das Crianças

OUTUBRO

Seu coração já conhece o caminho!
Agora deixe Nanã guiar os seus passos.

ODU DO DIA
Ojiologbon

ACESSE AS
PREVISÕES
DE HOJE

	07h
	08h
	09h
	10h
	11h
	12h
	13h
	14h
	15h
	16h
	17h
	18h
	19h
	20h
	21h

ANOTAÇÕES:

Odu Iká NO ASPECTO *negativo*

<u>Orixá Regente</u>: *Oxumarê*

☽ LUA MINGUANTE

OUTUBRO

13

SEGUNDA

07h

08h

09h

10h

11h

12h

13h

14h

15h

16h

17h

18h

19h

20h

21h

Hoje é o dia de agir com fé e confiança: Iyewá está com você a cada passo!

ODU DO DIA

Iká

ACESSE AS
PREVISÕES
DE HOJE

ANOTAÇÕES:

14

TERÇA

Odu Obeogundá NO ASPECTO *negativo*

ORIXÁ REGENTE: *Obá*

☽ LUA MINGUANTE
Lua Vazia: 14/10 02:05h até 14/10 07:47h

OUTUBRO

Siga em frente e confie no poder transformador de Obá em seus caminhos!

ODU DO DIA
Obeogundá

ACESSE AS
PREVISÕES
DE HOJE

	07h
	08h
	09h
	10h
	11h
	12h
	13h
	14h
	15h
	16h
	17h
	18h
	19h
	20h
	21h

ANOTAÇÕES:

Odu Aláfia NO ASPECTO *negativo*

ORIXÁ REGENTE: *Orunmilá*

☽ LUA MINGUANTE

OUTUBRO

15

QUARTA
Dia do Professor

07h _____

08h _____

09h _____

10h _____

11h _____

12h _____

13h _____

14h _____

15h _____

16h _____

17h _____

18h _____

19h _____

20h _____

21h _____

Amor hoje e sempre, que Orunmilá traga leveza e clareza aos seus pensamentos.

ODU DO DIA
Aláfia

ACESSE AS PREVISÕES DE HOJE

ANOTAÇÕES:

16

QUINTA

Cada desafio é uma oportunidade de crescimento. Deixe Oxoguiã lhe ensinar a viver.

ODU DO DIA
Ejionílé

ACESSE AS
PREVISÕES
DE HOJE

07h

08h

09h

10h

11h

12h

13h

14h

15h

16h

17h

18h

19h

20h

21h

ANOTAÇÕES:

Odu Ossá NO ASPECTO *negativo*

<u>ORIXÁ REGENTE</u>: *Iemanjá*

☽ LUA MINGUANTE

OUTUBRO

17

SEXTA

07h _____

08h _____

09h _____

10h _____

11h _____

12h _____

13h _____

14h _____

15h _____

16h _____

17h _____

18h _____

19h _____

20h _____

21h _____

ANOTAÇÕES:

Acalme-se. O amor e a proteção de Iyewá estarão em cada detalhe do seu dia.

ODU DO DIA
Ossá

ACESSE AS
PREVISÕES
DE HOJE

18

SÁBADO

Odu Ofun NO ASPECTO *negativo*

<u>ORIXÁ REGENTE</u>: *Oxalufã*

☽ LUA MINGUANTE
Lua Vazia: 18/10 18:10h até 19/10 01:01h

OUTUBRO

Caminhe com confiança e coragem!
Oxalufã já preparou o melhor para você.

ODU DO DIA
Ofun

ACESSE AS
PREVISÕES
DE HOJE

07h

08h

09h

10h

11h

12h

13h

14h

15h

16h

17h

18h

19h

20h

21h

ANOTAÇÕES:

Odu Ejiokô NO ASPECTO *negativo*

ORIXÁ REGENTE: *Omolu*

☽ LUA MINGUANTE
Lua Vazia: 18/10 18:10h até 19/10 01:01h

OUTUBRO

19

DOMINGO

07h _____

08h _____

09h _____

10h _____

11h _____

12h _____

13h _____

14h _____

15h _____

16h _____

17h _____

18h _____

19h _____

20h _____

21h _____

Hoje, Exu Eleguá sussurra em seu ouvido: você é capaz de tudo. Acredite e vença!

ODU DO DIA
Ejiokô

ACESSE AS
PREVISÕES
DE HOJE

ANOTAÇÕES:

20

SEGUNDA

Acredite: as bênçãos de Xangô são infinitas e estão sempre ao seu alcance.

ODU DO DIA
Ejilaxeborá

ACESSE AS
PREVISÕES
DE HOJE

	07h
	08h
	09h
	10h
	11h
	12h
	13h
	14h
	15h
	16h
	17h
	18h
	19h
	20h
	21h

ANOTAÇÕES:

Odu Ojíologbon NO ASPECTO *negativo*

<u>Orixá Regente</u>: *Nanã*

● LUA NOVA

Lua Vazia: 21/10 09:25h até 21/10 12:42h

OUTUBRO

21

TERÇA

07h _____

08h _____

09h _____

10h _____

11h _____

12h _____

13h _____

14h _____

15h _____

16h _____

17h _____

18h _____

19h _____

20h _____

21h _____

Que sua alma floresça com as bênçãos que Nanã semeou em seu caminho.

ODU DO DIA
Ojíologbon

ACESSE AS
PREVISÕES
DE HOJE

ANOTAÇÕES:

22

QUARTA

Odu Iká NO ASPECTO *positivo*

ORIXÁ REGENTE: *Iyewá*

● LUA NOVA

OUTUBRO

Permita que Iyewá cure as feridas do passado e abra as portas da felicidade.

ODU DO DIA
Iká

ACESSE AS
PREVISÕES
DE HOJE

07h

08h

09h

10h

11h

12h

13h

14h

15h

16h

17h

18h

19h

20h

21h

ANOTAÇÕES:

Odu Obeogundá NO ASPECTO *negativo*

ORIXÁ REGENTE: *Obá*

● LUA NOVA

OUTUBRO

23

QUINTA

07h _____

08h _____

09h _____

10h _____

11h _____

12h _____

13h _____

14h _____

15h _____

16h _____

17h _____

18h _____

19h _____

20h _____

21h _____

ANOTAÇÕES:

Seu coração está cheio de luz! Agora é Obá quem guia seus passos.

ODU DO DIA *Obeogundá*

ACESSE AS PREVISÕES DE HOJE

24

SEXTA

Odu Aláfia NO ASPECTO *positivo*

<u>ORIXÁ REGENTE:</u> *Orunmilá*

● LUA NOVA

Lua Vazia: 24/10 01:14h até 24/10 01:19h

OUTUBRO

Confie: Orunmilá já abriu os caminhos que levarão ao seu sucesso.

ODU DO DIA
Aláfia

ACESSE AS
PREVISÕES
DE HOJE

	07h
	08h
	09h
	10h
	11h
	12h
	13h
	14h
	15h
	16h
	17h
	18h
	19h
	20h
	21h

ANOTAÇÕES:

Odu Ejiogbê NO ASPECTO *positivo*

ORIXÁ REGENTE: *Xangô Airá*

● LUA NOVA

OUTUBRO

25

SÁBADO

07h

08h

09h

10h

11h

12h

13h

14h

15h

16h

17h

18h

19h

20h

21h

ANOTAÇÕES:

Cada novo amanhecer é um presente de Xangô Airá: aproveite com gratidão.

ODU DO DIA
Ejiogbê

ACESSE AS
PREVISÕES
DE HOJE

26

DOMINGO

Odu Ossá NO ASPECTO *negativo*

<u>Orixá Regente:</u> *Obá*

● LUA NOVA

Lua Vazia: 26/10 13:41h até 26/10 13:53h

OUTUBRO

Que Iemanjá lhe traga serenidade para enfrentar os desafios do caminho.

ODU DO DIA
Ossá

ACESSE AS
PREVISÕES
DE HOJE

07h

08h

09h

10h

11h

12h

13h

14h

15h

16h

17h

18h

19h

20h

21h

ANOTAÇÕES:

Odu Ofun NO ASPECTO *positivo*

ORIXÁ REGENTE: *Oxalufã*

● LUA NOVA

OUTUBRO

27

SEGUNDA

07h _____

08h _____

09h _____

10h _____

11h _____

12h _____

13h _____

14h _____

15h _____

16h _____

17h _____

18h _____

19h _____

20h _____

21h _____

ANOTAÇÕES:

Você é forte e capaz! Deixe Oxalufã revelar essa força dentro de você.

ODU DO DIA *Ofun*

ACESSE AS PREVISÕES DE HOJE

28

TERÇA

Odu Ejiokô NO ASPECTO *positivo*

<u>ORIXÁ REGENTE</u>: *Ibeji*

● LUA NOVA

OUTUBRO

Hoje e sempre, é Ibeji quem guia seus passos para a vitória!

ODU DO DIA
Ejiokô

ACESSE AS
PREVISÕES
DE HOJE

07h

08h

09h

10h

11h

12h

13h

14h

15h

16h

17h

18h

19h

20h

21h

ANOTAÇÕES:

Odu Ogundá NO ASPECTO *positivo*

ORIXÁ REGENTE: *Ogum*

☾ LUA CRESCENTE

Lua Vazia: 29/10 00:38h até 29/10 00:55h

OUTUBRO

29

QUARTA

Dia Nacional do Livro

07h _____

08h _____

09h _____

10h _____

11h _____

12h _____

13h _____

14h _____

15h _____

16h _____

17h _____

18h _____

19h _____

20h _____

21h _____

Felicidade e abundância são as promessas que Ogum reservou para você. Receba!

ODU DO DIA *Ogundá*

ACESSE AS PREVISÕES DE HOJE

ANOTAÇÕES:

30

QUINTA

Odu Ojiologbon NO ASPECTO *positivo*

<u>ORIXÁ REGENTE:</u> *Nanã*

☾ LUA CRESCENTE

OUTUBRO

Que sua alma seja tocada pela graça de Nanã e floresça em alegria.

ODU DO DIA
Ojiologbon

ACESSE AS
PREVISÕES
DE HOJE

07h

08h

09h

10h

11h

12h

13h

14h

15h

16h

17h

18h

19h

20h

21h

ANOTAÇÕES:

Odu Iká NO ASPECTO *positivo*

ORIXÁ REGENTE: *Oxumarê*

☾ LUA CRESCENTE
Lua Vazia: 31/10 03:15h até 31/10 08:46h

OUTUBRO

31
SEXTA

07h _____

08h _____

09h _____

10h _____

11h _____

12h _____

13h _____

14h _____

15h _____

16h _____

17h _____

18h _____

19h _____

20h _____

21h _____

ANOTAÇÕES:

Cada despertar é uma nova chance que Iyewá lhe oferece para ser feliz.

ODU DO DIA *Iká*

ACESSE AS
PREVISÕES
DE HOJE

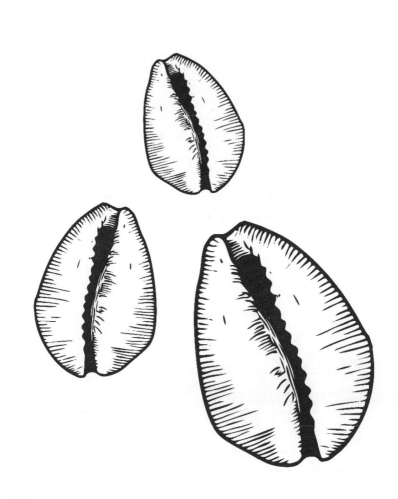

NOVEMBRO

ODU DO MÊS: OWARIN

A felicidade não é questão de sorte, mas de escolha

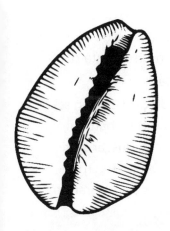

Previsões para Novembro

A regência do Odu Owarin pela segunda vez no ano traz consigo preocupações sérias neste mês, exigindo que sejamos extremamente cautelosos, especialmente em relação à saúde e à segurança nas ruas. Em todo este período, se passar por acidentes na rua ou precisar visitar hospitais, velórios e cemitérios, ao sair, passe rapidamente uma moeda sobre o corpo e lance-a sobre as suas costas para afastar as energias negativas dessas situações que não têm a ver com você.

Também é prudente evitar aglomerações e saídas noturnas pelas ruas, pois o perigo está à espreita. Neste mês, o Odu Owarin exige um respeito absoluto devido à sua natureza delicada.

Apesar de sua influência positiva anunciar a realização de planos materiais, a possibilidade de ganhos financeiros inesperados e a tomada de decisões que trarão bons frutos nos próximos meses, é fundamental estar atenta à sua influência negativa. Ela pode se manifestar como uma perda repentina de alguém próximo, o diagnóstico de uma doença até então desconhecida ou como o fim abrupto de relacionamentos e situações que lutamos para conquistar.

Para proteção, carregue um cristal de Turmalina ou Obsidiana Negra e mantenha, atrás da porta de entrada da sua casa ou do trabalho, um copo com água pura, um pedaço de carvão e uma tesoura disposta em formato de X sobre a boca do copo. No final do mês, despeje esses elementos em uma mata distante (exceto o copo, que pode ser reutilizado).

Na última semana do mês, as energias de Odu Owarin se acalmam, e Exu e Iansã vêm celebrar conosco o fechamento de mais um ciclo. Antes da virada do ano, que tal buscar a orientação do Jogo de Búzios para descobrir o que 2026 tem reservado para você e realizar os rituais necessários para garantir um ano repleto de vitórias e conquistas?

Odu Ejilaxeborá NO ASPECTO *positivo*

ORIXÁ REGENTE: *Xangô*

☾ LUA CRESCENTE

NOVEMBRO

01

SÁBADO

Dia de Todos os Santos

07h _____

08h _____

09h _____

10h _____

11h _____

12h _____

13h _____

14h _____

15h _____

A força que você precisa já está dentro de você: é Xangô quem lhe fortalece.

16h _____

17h _____

18h _____

ODU DO DIA
Ejilaxeborá

19h _____

ACESSE AS
PREVISÕES
DE HOJE

20h _____

21h _____

ANOTAÇÕES:

02

DOMINGO
Dia de Finados

Odu Ojíolegbon NO ASPECTO *positivo*

<u>ORIXÁ REGENTE:</u> *Nanã*

☾ LUA CRESCENTE
Lua Vazia: 02/11 12:15h até 02/11 12:39h

NOVEMBRO

Que sua caminhada seja abençoada por Nanã e você alcance grandes realizações.

ODU DO DIA
Ojíolegbon

ACESSE AS
PREVISÕES
DE HOJE

07h

08h

09h

10h

11h

12h

13h

14h

15h

16h

17h

18h

19h

20h

21h

ANOTAÇÕES:

Odu Iká NO ASPECTO *positivo*

ORIXÁ REGENTE: *Iyewá*

☾ LUA CRESCENTE

NOVEMBRO

03

SEGUNDA

07h _____

08h _____

09h _____

10h _____

11h _____

12h _____

13h _____

14h _____

15h _____

Não há o que temer! A força de Iyewá cuida de cada detalhe do seu dia.

16h _____

17h _____

18h _____

ODU DO DIA
Iká

19h _____

20h _____

21h _____

ACESSE AS
PREVISÕES
DE HOJE

ANOTAÇÕES:

04

TERÇA

Odu Obeogundá NO ASPECTO *positivo*

ORIXÁ REGENTE: *Obá*

☾ LUA CRESCENTE

Lua Vazia: 04/11 08:21h até 04/11 13:15h

NOVEMBRO

Tudo se renova! Deixe Obá guiar suas escolhas e sua jornada.

ODU DO DIA
Obeogundá

ACESSE AS
PREVISÕES
DE HOJE

	07h
	08h
	09h
	10h
	11h
	12h
	13h
	14h
	15h
	16h
	17h
	18h
	19h
	20h
	21h

ANOTAÇÕES:

Odu Aláfia NO ASPECTO *positivo*

ORIXÁ REGENTE: *Orunmilá*

O LUA CHEIA

05

NOVEMBRO

QUARTA

07h _____

08h _____

09h _____

10h _____

11h _____

12h _____

13h _____

14h _____

15h _____

16h _____

17h _____

18h _____

19h _____

20h _____

21h _____

ANOTAÇÕES:

Você está exatamente onde deveria estar.
Acredite nas bênçãos de Orunmilá!

ODU DO DIA *Aláfia*

ACESSE AS
PREVISÕES
DE HOJE

06

QUINTA

Que seu dia seja repleto de paz sob a proteção de Xangô Airá.

ODU DO DIA
Ejiogbê

ACESSE AS
PREVISÕES
DE HOJE

07h

08h

09h

10h

11h

12h

13h

14h

15h

16h

17h

18h

19h

20h

21h

ANOTAÇÕES:

07h _____

08h _____

09h _____

10h _____

11h _____

12h _____

13h _____

14h _____

15h _____

16h _____

17h _____

18h _____

19h _____

20h _____

21h _____

Sua intuição é a bússola que Iansã usa para guiar seus passos.

ODU DO DIA
Ossá

ACESSE AS
PREVISÕES
DE HOJE

ANOTAÇÕES:

08

SÁBADO

Odu Ofun NO ASPECTO *positivo*

<u>ORIXÁ REGENTE:</u> *Oxalufã*

O LUA CHEIA
Lua Vazia: 08/11 11:32h até 08/11 12:06h

NOVEMBRO

Siga em frente e confie no tempo de Oxalufã: o que é seu está a caminho.

ODU DO DIA
Ofun

ACESSE AS
PREVISÕES
DE HOJE

	07h
	08h
	09h
	10h
	11h
	12h
	13h
	14h
	15h
	16h
	17h
	18h
	19h
	20h
	21h

ANOTAÇÕES:

Odu Ejiokô NO ASPECTO *positivo*

ORIXÁ REGENTE: *Ogum*

O LUA CHEIA

09

NOVEMBRO

DOMINGO

07h _____

08h _____

09h _____

10h _____

11h _____

12h _____

13h _____

14h _____

15h _____

16h _____

17h _____

18h _____

19h _____

20h _____

21h _____

Que sua vida floresça com as bênçãos que Ogum plantou em seu destino.

ODU DO DIA
Ejiokô

ACESSE AS
PREVISÕES
DE HOJE

ANOTAÇÕES:

10

SEGUNDA

Acredite! A serenidade de Xangô lhe trará clareza e paz no dia de hoje.

ODU DO DIA
Ejilaxeborá

ACESSE AS
PREVISÕES
DE HOJE

	07h
	08h
	09h
	10h
	11h
	12h
	13h
	14h
	15h
	16h
	17h
	18h
	19h
	20h
	21h

ANOTAÇÕES:

Odu Ojiologbon NO ASPECTO *positivo*

ORIXÁ REGENTE: *Nanã*

○ LUA CHEIA

NOVEMBRO

11

TERÇA

07h

08h

09h

10h

11h

12h

13h

14h

15h

16h

17h

18h

19h

20h

21h

Siga em confiança! A luz de Nanã está mostrando o melhor caminho.

ODU DO DIA *Ojiologbon*

ACESSE AS PREVISÕES DE HOJE

ANOTAÇÕES:

12

QUARTA

O poder de Oxumarê vive dentro de você: use-o para transformar o seu dia.

ODU DO DIA
Iká

ACESSE AS
PREVISÕES
DE HOJE

	07h
	08h
	09h
	10h
	11h
	12h
	13h
	14h
	15h
	16h
	17h
	18h
	19h
	20h
	21h

ANOTAÇÕES:

Odu Obeogundá NO ASPECTO *negativo*

Orixá Regente: *Obá*

☽ LUA MINGUANTE

NOVEMBRO

13

QUINTA

07h _____

08h _____

09h _____

10h _____

11h _____

12h _____

13h _____

14h _____

15h _____

16h _____

17h _____

18h _____

19h _____

20h _____

21h _____

ANOTAÇÕES:

Que o amor e a sabedoria de Obá guiem seus passos hoje e sempre.

ODU DO DIA *Obeogundá*

ACESSE AS PREVISÕES DE HOJE

14

Odu Aláfia NO ASPECTO *negativo*

ORIXÁ REGENTE: *Orunmilá*

☽ LUA MINGUANTE

NOVEMBRO

Você é capaz de muito mais do que imagina!
Orunmilá é quem comanda o seu destino!

ODU DO DIA
Aláfia

ACESSE AS
PREVISÕES
DE HOJE

07h

08h

09h

10h

11h

12h

13h

14h

15h

16h

17h

18h

19h

20h

21h

ANOTAÇÕES:

Odu Ejíonilé NO ASPECTO *negativo*

ORIXÁ REGENTE: *Oxoguiã*

☽ LUA MINGUANTE

Lua Vazia: 15/11 06:08h até 15/11 06:43h

15

SÁBADO

NOVEMBRO

Proclamação da República / Dia Nacional da Umbanda

07h _____

08h _____

09h _____

10h _____

11h _____

12h _____

13h _____

14h _____

15h _____

16h _____

17h _____

18h _____

19h _____

20h _____

21h _____

ANOTAÇÕES:

Hoje é o dia perfeito para recomeçar! Acredite: Oxoguiã está com você.

ODU DO DIA
Ejíonilé

ACESSE AS
PREVISÕES
DE HOJE

16

DOMINGO

Odu Ossá NO ASPECTO *negativo*

ORIXÁ REGENTE: *Iemanjá*

☽ LUA MINGUANTE

NOVEMBRO

As bênçãos de Iemanjá se manifestam em sua vida. Fé e confiança sempre!

ODU DO DIA
Ossá

ACESSE AS
PREVISÕES
DE HOJE

	07h
	08h
	09h
	10h
	11h
	12h
	13h
	14h
	15h
	16h
	17h
	18h
	19h
	20h
	21h

ANOTAÇÕES:

Odu Ofun NO ASPECTO *negativo*

ORIXÁ REGENTE: *Oxalufã*

☽ LUA MINGUANTE
Lua Vazia: 17/11 08:51h até 17/11 18:44h

NOVEMBRO

17

SEGUNDA

07h

08h

09h

10h

11h

12h

13h

14h

15h

16h

17h

18h

19h

20h

21h

Acalme o coração e deixe-se curar pela força de Oxalufã em sua vida.

ODU DO DIA
Ofun

ACESSE AS PREVISÕES DE HOJE

ANOTAÇÕES:

18

TERÇA

Odu Ejiókô NO ASPECTO *negativo*

ORIXÁ REGENTE: *Omolu*

☽ LUA MINGUANTE

NOVEMBRO

Erga a cabeça! Sua fé em Omolu lhe trará a força necessária para vencer qualquer desafio.

ODU DO DIA
Ejiókô

ACESSE AS
PREVISÕES
DE HOJE

07h

08h

09h

10h

11h

12h

13h

14h

15h

16h

17h

18h

19h

20h

21h

ANOTAÇÕES:

Odu Ogundá NO ASPECTO *negativo*

ORIXÁ REGENTE: *Ogum*

☽ LUA MINGUANTE

NOVEMBRO

19

QUARTA

07h _____

08h _____

09h _____

10h _____

11h _____

12h _____

13h _____

14h _____

15h _____

16h _____

17h _____

18h _____

19h _____

20h _____

21h _____

Pelo dia de hoje e sempre, que Ogum preencha seu dia com alegria e gratidão.

ODU DO DIA
Ogundá

ACESSE AS
PREVISÕES
DE HOJE

ANOTAÇÕES:

20

QUINTA

Dia da Consciência Negra

Odu Ojíologbon NO ASPECTO *negativo*

<u>Orixá Regente:</u> *Nanã*

● LUA NOVA

Lua Vazia: 20/11 06:24h até 20/11 07:26h

NOVEMBRO

A vitória está chegando! Confie no plano que Nanã preparou especialmente para você.

ODU DO DIA
Ojíologbon

ACESSE AS PREVISÕES DE HOJE

07h

08h

09h

10h

11h

12h

13h

14h

15h

16h

17h

18h

19h

20h

21h

ANOTAÇÕES:

Odu Iká NO ASPECTO *positivo*

ORIXÁ REGENTE: *Oxumarê*

● LUA NOVA

NOVEMBRO

21

SEXTA

07h _____

08h _____

09h _____

10h _____

11h _____

12h _____

13h _____

14h _____

15h _____

16h _____

17h _____

18h _____

19h _____

20h _____

21h _____

ANOTAÇÕES:

O universo conspira a seu favor! Deixe Iyewá guiar seus passos e siga em frente.

ODU DO DIA *Iká*

ACESSE AS PREVISÕES DE HOJE

22

SÁBADO

NOVEMBRO

Acredite: a cada novo dia, Obá lhe oferece uma nova chance para ser feliz.

ODU DO DIA
Obeogundá

	07h
	08h
	09h
	10h
	11h
	12h
	13h
	14h
	15h
	16h
	17h
	18h
	19h
	20h
	21h

ANOTAÇÕES:

Odu Aláfia NO ASPECTO *positivo*

ORIXÁ REGENTE: *Orunmilá*

● LUA NOVA

NOVEMBRO

23

DOMINGO

07h _____

08h _____

09h _____

10h _____

11h _____

12h _____

13h _____

14h _____

15h _____

16h _____

17h _____

18h _____

19h _____

20h _____

21h _____

ANOTAÇÕES:

Que sua caminhada seja leve e seu coração lhe permita receber as bênçãos de Orunmilá.

ODU DO DIA
Aláfia

ACESSE AS
PREVISÕES
DE HOJE

24

SEGUNDA

Odu Ejìogbê NO ASPECTO *positivo*

Orixá Regente: *Xangô Airá*

● LUA NOVA

NOVEMBRO

Fé e determinação hoje e sempre! Você está no caminho certo e Xangô Airá está ao seu lado.

ODU DO DIA
Ejìogbê

ACESSE AS
PREVISÕES
DE HOJE

	07h
	08h
	09h
	10h
	11h
	12h
	13h
	14h
	15h
	16h
	17h
	18h
	19h
	20h
	21h

ANOTAÇÕES:

Odu Ossá NO ASPECTO *negativo*

ORIXÁ REGENTE: *Iansã*

● LUA NOVA

Lua Vazia: 25/11 06:09h até 25/11 07:15h

NOVEMBRO

25

TERÇA

Dia Nacional da Baiana de Acarajé

07h _____

08h _____

09h _____

10h _____

11h _____

12h _____

13h _____

14h _____

15h _____

16h _____

17h _____

18h _____

19h _____

20h _____

21h _____

ANOTAÇÕES:

A proteção de Iansã está com você! Siga em frente com coragem e conquiste o impossível.

ODU DO DIA *Ossá*

ACESSE AS PREVISÕES DE HOJE

26

QUARTA

Odu Ofun NO ASPECTO *positivo*

<u>ORIXÁ REGENTE</u>: *Oxalufã*

● LUA NOVA

NOVEMBRO

Apesar dos desafios, a cada dia Oxalufã lhe dá a oportunidade de ser ainda mais forte.

ODU DO DIA
Ofun

ACESSE AS
PREVISÕES
DE HOJE

07h

08h

09h

10h

11h

12h

13h

14h

15h

16h

17h

18h

19h

20h

21h

ANOTAÇÕES:

Odu Ejíokô NO ASPECTO *positivo*

ORIXÁ REGENTE: *Ibejí*

● LUA NOVA

Lua Vazia: 27/11 14:53h até 27/11 16:24h

NOVEMBRO

27
QUINTA

07h _____

08h _____

09h _____

10h _____

11h _____

12h _____

13h _____

14h _____

15h _____

16h _____

17h _____

18h _____

19h _____

20h _____

21h _____

Um novo dia raiou! Que a luz de Ogum ilumine seu coração para vencer as incertezas.

ODU DO DIA
Ejíokô

ACESSE AS
PREVISÕES
DE HOJE

ANOTAÇÕES:

28

SEXTA

Odu Ogundá NO ASPECTO *positivo*

<u>ORIXÁ REGENTE</u>: *Ogum*

☾ LUA CRESCENTE

NOVEMBRO

Você é guiado pela sabedoria de Ogum em todos os momentos. Confie na sua intuição.

ODU DO DIA
Ogundá

ACESSE AS
PREVISÕES
DE HOJE

07h

08h

09h

10h

11h

12h

13h

14h

15h

16h

17h

18h

19h

20h

21h

ANOTAÇÕES:

NOVEMBRO

Odu Irossun NO ASPECTO *positivo*

ORIXÁ REGENTE: *Iemanjá*

☾ LUA CRESCENTE
Lua Vazia: 29/11 21:05h até 29/11 22:07h

29

SÁBADO

07h _____

08h _____

09h _____

10h _____

11h _____

12h _____

13h _____

14h _____

15h _____

16h _____

17h _____

18h _____

19h _____

20h _____

21h _____

A paz que você busca está dentro de você! Iemanjá lhe ajudará a encontrá-la.

ODU DO DIA *Irossun*

ACESSE AS
PREVISÕES
DE HOJE

ANOTAÇÕES:

30

DOMINGO

Odu Iká NO ASPECTO *positivo*

Orixá Regente: *Oxumarê*

☾ LUA CRESCENTE

NOVEMBRO

Respire fundo! A força de Oxumarê lhe conduzirá pelos caminhos da sabedoria e do amor.

ODU DO DIA
Iká

ACESSE AS
PREVISÕES
DE HOJE

07h

08h

09h

10h

11h

12h

13h

14h

15h

16h

17h

18h

19h

20h

21h

ANOTAÇÕES:

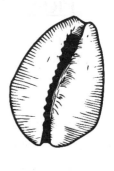

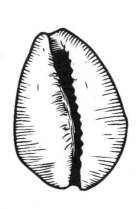

DEZEMBRO

Odu do mês: Ejilaxeborá

Na balança da vida, o que pesa é a verdade

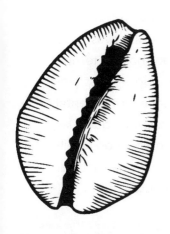

Previsões para Dezembro

A regência do Odu Ejilaxeborá pela segunda vez no ano traz mais uma vez a oportunidade de celebrarmos as pequenas e grandes conquistas dos últimos meses. Mais do que isso, é chegado o momento de reconhecer o seu valor e o seu esforço pessoal, afinal, sem eles nenhum objetivo seria atingido. Já parou pra pensar o quanto de você tem naquilo que conquistou?

Ao mesmo tempo, a influência deste Odu neste período de festas alerta para os excessos de todo tipo, que podem trazer consequências à sua saúde e ao seu bem-estar. Odu ligado aos prazeres do corpo, Ejilaxeborá instiga ao desequilíbrio para que possamos aprender que tudo na vida é permitido e pode ser bom, desde que aproveitado na medida certa. Assim, este é um período que exigirá especial atenção aos exageros com comidas e bebidas - especialmente as alcoólicas e principalmente na segunda quinzena do mês.

A paixão e a sedução também ganham destaque nesse mês. Você se sentirá mais carismática e mais disponível a interagir com as pessoas, o que pode ser uma boa oportunidade para encontrar um novo amor ou, se já o tiver encontrado, para reacender o fogo entre vocês através de gestos de (re)conquista. Viagens curtas a dois, momentos de intimidade e renovação de votos estarão em alta.

Ao mesmo tempo, com o fim do ano se aproximando, é também momento de planejar suas metas e objetivos mais grandiosos para o novo ciclo que se inicia, ao mesmo tempo em que mantém os pés no chão e reconhece que sem estratégia não se chega a lugar algum. Nesse sentido, é fundamental contar com a orientação e as bênçãos dos Orixás para que suas escolhas sejam as melhores possíveis. Para isso, antes do réveillon, busque a orientação do Jogo de Búzios para harmonizar suas energias e potencializar as conquistas do futuro.

Odu Ojíologbon NO ASPECTO *negativo*

ORIXÁ REGENTE: *Nanã*

☾ LUA CRESCENTE
Lua Vazia: 01/12 15:14h até 02/12 00:13h

DEZEMBRO

01
SEGUNDA

07h	
08h	
09h	
10h	
11h	
12h	
13h	
14h	
15h	
16h	
17h	
18h	
19h	
20h	
21h	

Com dúvidas ou com certezas, hoje é o dia de confiar no que Nanã preparou para você.

ODU DO DIA
Ojíologbon

ACESSE AS
PREVISÕES
DE HOJE

ANOTAÇÕES:

02

TERÇA

Mantenha a calma. Iyewá renovará sua esperança e lhe mostrará que tudo é possível.

ODU DO DIA
Iká

ACESSE AS
PREVISÕES
DE HOJE

07h

08h

09h

10h

11h

12h

13h

14h

15h

16h

17h

18h

19h

20h

21h

ANOTAÇÕES:

Odu Obeogundá NO ASPECTO *positivo*

Orixá Regente: *Obá*

☾ LUA CRESCENTE
Lua Vazia: 03/12 22:50h até 03/12 23:48h

DEZEMBRO

03
QUARTA

07h _____

08h _____

09h _____

10h _____

11h _____

12h _____

13h _____

14h _____

15h _____

16h _____

17h _____

18h _____

19h _____

20h _____

21h _____

ANOTAÇÕES:

O poder de Obá está sempre presente!
Confie e siga em frente com fé e confiança.

ODU DO DIA
Obeogundá

ACESSE AS
PREVISÕES
DE HOJE

04

QUINTA

Odu Aláfia NO ASPECTO *positivo*

<u>ORIXÁ REGENTE:</u> *Orunmilá*

○ LUA CHEIA

DEZEMBRO

As bênçãos de Orunmilá estão chegando em sua vida: aceite-as e conquista seus sonhos.

ODU DO DIA
Aláfia

ACESSE AS
PREVISÕES
DE HOJE

07h

08h

09h

10h

11h

12h

13h

14h

15h

16h

17h

18h

19h

20h

21h

ANOTAÇÕES:

Odu Ejiogbê NO ASPECTO *positivo*

<u>ORIXÁ REGENTE</u>: *Oxoguiã*

O LUA CHEIA
Lua Vazia: 05/12 21:55h até 05/12 22:54h

DEZEMBRO

05

SEXTA

07h _____

08h _____

09h _____

10h _____

11h _____

12h _____

13h _____

14h _____

15h _____

Sua jornada é guiada por Oxoguiã! Acredite no que está por vir e siga em frente.

16h _____

17h _____

18h _____

ODU DO DIA *Ejiogbê*

19h _____

ACESSE AS PREVISÕES DE HOJE

20h _____

21h _____

ANOTAÇÕES:

06

SÁBADO

Odu Ossá NO ASPECTO *positivo*

<u>ORIXÁ REGENTE:</u> *Iansã*

○ LUA CHEIA

DEZEMBRO

Nenhuma dor é para sempre! Que Iansã lhe encha de coragem para enfrentar qualquer desafio.

ODU DO DIA
Ossá

ACESSE AS
PREVISÕES
DE HOJE

07h

08h

09h

10h

11h

12h

13h

14h

15h

16h

17h

18h

19h

20h

21h

ANOTAÇÕES:

Odu Ofun NO ASPECTO *positivo*

ORIXÁ REGENTE: *Oxalufã*

○ LUA CHEIA
Lua Vazia: 07/12 22:45h até 07/12 23:48h

DEZEMBRO

07

DOMINGO

07h _____

08h _____

09h _____

10h _____

11h _____

12h _____

13h _____

14h _____

15h _____

16h _____

17h _____

18h _____

19h _____

20h _____

21h _____

Fé, coragem e esperança! O amor e a proteção de Oxalufã estão em cada passo que você dá.

ODU DO DIA *Ofun*

ACESSE AS
PREVISÕES
DE HOJE

ANOTAÇÕES:

08

SEGUNDA

Odu Ejiokô NO ASPECTO *positivo*

ORIXÁ REGENTE: *Ogum*

O LUA CHEIA

DEZEMBRO

Que o caminho à sua frente seja repleto de paz e realizações, Ibeji está ao seu lado.

ODU DO DIA
Ejiokô

ACESSE AS
PREVISÕES
DE HOJE

07h

08h

09h

10h

11h

12h

13h

14h

15h

16h

17h

18h

19h

20h

21h

ANOTAÇÕES:

Odu Ogundá NO ASPECTO *positivo*

<u>ORIXÁ REGENTE</u>: *Ogum*

O LUA CHEIA

09

DEZEMBRO

TERÇA

07h

08h

09h

10h

11h

12h

13h

14h

15h

16h

17h

18h

19h

20h

21h

Tudo se ajeitará no tempo de Ogum. Hoje, permita-se ser guiado por sua sabedoria.

ODU DO DIA
Ogundá

ACESSE AS
PREVISÕES
DE HOJE

ANOTAÇÕES:

10

QUARTA

Odu Ojiologbon NO ASPECTO *positivo*

ORIXÁ REGENTE: *Nanã*

○ LUA CHEIA
Lua Vazia: 10/12 01:56h até 10/12 04:20h

DEZEMBRO

Coração em paz e cabeça erguia: cada manhã é uma nova chance de Nanã para você ser feliz.

ODU DO DIA
Ojiologbon

ACESSE AS PREVISÕES DE HOJE

07h

08h

09h

10h

11h

12h

13h

14h

15h

16h

17h

18h

19h

20h

21h

ANOTAÇÕES:

Odu Iká NO ASPECTO *negativo*

<u>Orixá Regente:</u> *Iyewá*

☽ LUA MINGUANTE

DEZEMBRO

11

QUINTA

07h

08h

09h

10h

11h

12h

13h

14h

15h

16h

17h

18h

19h

20h

21h

Não deixe os medos lhe dominarem. Hoje, Iyewá lhe trará as respostas que você tanto procura!

ODU DO DIA *Iká*

ANOTAÇÕES:

12

SEXTA

Odu Obeogundá NO ASPECTO *negativo*

ORIXÁ REGENTE: *Obá*

☽ LUA MINGUANTE

Lua Vazia: 12/12 11:51h até 12/12 13:04h

Dia de Celebração ao Odu Ejilaxeborá

DEZEMBRO

No dia de hoje, Obá lhe dará a força necessária para superar qualquer desafio.

ODU DO DIA
Obeogundá

ACESSE AS
PREVISÕES
DE HOJE

07h

08h

09h

10h

11h

12h

13h

14h

15h

16h

17h

18h

19h

20h

21h

ANOTAÇÕES:

Odu Aláfia NO ASPECTO *negativo*

ORIXÁ REGENTE: *Orunmilá*

☽ LUA MINGUANTE

DEZEMBRO

13

SÁBADO

Dia de Santa Luzia / Dia de Iyewá

07h _____

08h _____

09h _____

10h _____

11h _____

12h _____

13h _____

14h _____

15h _____

16h _____

17h _____

18h _____

19h _____

20h _____

21h _____

Mantenha a fé e siga em frente! Orunmilá está preparando algo maravilhoso para você.

ODU DO DIA *Aláfia*

ACESSE AS PREVISÕES DE HOJE

ANOTAÇÕES:

14

DOMINGO

Odu Ejionilé NO ASPECTO *negativo*

ORIXÁ REGENTE: *Oxoguiã*

☽ LUA MINGUANTE

DEZEMBRO

Meu maior desejo? Que Oxoguiã cubra sua vida com prosperidade, amor e paz.

ODU DO DIA
Ejionilé

ACESSE AS
PREVISÕES
DE HOJE

	07h
	08h
	09h
	10h
	11h
	12h
	13h
	14h
	15h
	16h
	17h
	18h
	19h
	20h
	21h

ANOTAÇÕES:

Odu Ossá NO ASPECTO *negativo*

ORIXÁ REGENTE: *Iyewá*

☽ LUA MINGUANTE
Lua Vazia: 15/12 00:36h até 15/12 00:51h

DEZEMBRO

15

SEGUNDA

07h _____

08h _____

09h _____

10h _____

11h _____

12h _____

13h _____

14h _____

15h _____

Agradeça e siga em frente!
Iansã abrirá os seus caminhos
para a vitória!

16h _____

17h _____

18h _____

ODU DO DIA *Ossá*

19h _____

20h _____

21h _____

ACESSE AS
PREVISÕES
DE HOJE

ANOTAÇÕES:

16

TERÇA

Odu Ofun NO ASPECTO *negativo*

ORIXÁ REGENTE: *Oxalufã*

☽ LUA MINGUANTE

DEZEMBRO

Abra o coração e agradeça:
Oxalufã é quem trará equilíbrio
para as suas escolhas!

ODU DO DIA
Ofun

ACESSE AS
PREVISÕES
DE HOJE

07h

08h

09h

10h

11h

12h

13h

14h

15h

16h

17h

18h

19h

20h

21h

ANOTAÇÕES:

Odu Ejiokô NO ASPECTO *negativo*

ORIXÁ REGENTE: *Omolu*

☽ LUA MINGUANTE
Lua Vazia: 17/12 12:24h até 17/12 13:38h

DEZEMBRO

17
QUARTA

07h _____

08h _____

09h _____

10h _____

11h _____

12h _____

13h _____

14h _____

15h _____

16h _____

17h _____

18h _____

19h _____

20h _____

21h _____

Agradeça, perdoe e não deseje o mal... É Omolu quem lhe protege das más influências!

ODU DO DIA *Ejiokô*

ACESSE AS PREVISÕES DE HOJE

ANOTAÇÕES:

18

QUINTA

Fé acima de tudo e apesar de tudo!
Tenha certeza: Ogum é por você!

ODU DO DIA
Ogundá

ACESSE AS
PREVISÕES
DE HOJE

07h

08h

09h

10h

11h

12h

13h

14h

15h

16h

17h

18h

19h

20h

21h

ANOTAÇÕES:

Odu Irossun NO ASPECTO *negativo*

<u>Orixá Regente</u>: *Iemanjá*

☽ LUA MINGUANTE

DEZEMBRO

19

SEXTA

07h _____

08h _____

09h _____

10h _____

11h _____

12h _____

13h _____

14h _____

15h _____

16h _____

17h _____

18h _____

19h _____

20h _____

21h _____

ANOTAÇÕES:

Enquanto há esperança, há um caminho! Que Iemanjá lhe dê felicidade!

ODU DO DIA *Irossun*

ACESSE AS
PREVISÕES
DE HOJE

20

SÁBADO

Odu Iká NO ASPECTO *positivo*

<u>ORIXÁ REGENTE:</u> *Oxumarê*

● LUA NOVA

Lua Vazia: 20/12 00:41h até 20/12 01:52h

DEZEMBRO

Não há caminhos fechados para quem tem fé e gratidão! Confie em Iyewá!

ODU DO DIA
Iká

ACESSE AS
PREVISÕES
DE HOJE

	07h
	08h
	09h
	10h
	11h
	12h
	13h
	14h
	15h
	16h
	17h
	18h
	19h
	20h
	21h

ANOTAÇÕES:

Odu Obeogundá NO ASPECTO *negativo*

ORIXÁ REGENTE: *Obá*

● LUA NOVA

DEZEMBRO

21

DOMINGO
Início do Verão

07h _____

08h _____

09h _____

10h _____

11h _____

12h _____

13h _____

14h _____

15h _____

16h _____

17h _____

18h _____

19h _____

20h _____

21h _____

ANOTAÇÕES:

Você é capaz de superar todos os desafios! Confie em Obá e transforme o seu dia!

ODU DO DIA *Obeogundá*

ACESSE AS PREVISÕES DE HOJE

22

SEGUNDA

Odu Aláfia NO ASPECTO *positivo*

ORIXÁ REGENTE: *Orunmilá*

● LUA NOVA
Lua Vazia: 22/12 11:44h até 22/12 12:52h

DEZEMBRO

Felicidade e prosperidade: essas são as promessas de Orunmilá para o seu dia!

ODU DO DIA
Aláfia

ACESSE AS
PREVISÕES
DE HOJE

	07h
	08h
	09h
	10h
	11h
	12h
	13h
	14h
	15h
	16h
	17h
	18h
	19h
	20h
	21h

ANOTAÇÕES:

Odu Ejiogbê NO ASPECTO *positivo*

ORIXÁ REGENTE: *Xangô Airá*

● LUA NOVA

DEZEMBRO

23

TERÇA

07h _____

08h _____

09h _____

10h _____

11h _____

12h _____

13h _____

14h _____

15h _____

16h _____

17h _____

18h _____

19h _____

20h _____

21h _____

Receba as bênçãos de Xangô Airá e permita-se ser feliz por existir: você merece!

ODU DO DIA
Ejiogbê

ACESSE AS
PREVISÕES
DE HOJE

ANOTAÇÕES:

24

QUARTA

Véspera de Natal

Odu Ossá NO ASPECTO *negativo*

<u>ORIXÁ REGENTE:</u> *Iemanjá*

● LUA NOVA

Lua Vazia: 24/12 18:42h até 24/12 22:09h

DEZEMBRO

As palavras de Iansã são certeiras: seus caminhos lhe guiarão para a vitória.

ODU DO DIA
Ossá

ACESSE AS
PREVISÕES
DE HOJE

	07h
	08h
	09h
	10h
	11h
	12h
	13h
	14h
	15h
	16h
	17h
	18h
	19h
	20h
	21h

ANOTAÇÕES:

Odu Ofun NO ASPECTO *positivo*

<u>ORIXÁ REGENTE:</u> *Oxalufã*

● LUA NOVA

DEZEMBRO

25

QUINTA

Natal / Dia de Oxalá

07h _____

08h _____

09h _____

10h _____

11h _____

12h _____

13h _____

14h _____

15h _____

16h _____

17h _____

18h _____

19h _____

20h _____

21h _____

No dia de hoje, que Oxalufã cubra seu lar e sua família com a felicidade!

ODU DO DIA

Ofun

ACESSE AS
PREVISÕES
DE HOJE

ANOTAÇÕES:

26

SEXTA

Odu Ejiokô NO ASPECTO *positivo*

ORIXÁ REGENTE: *Ogum*

● LUA NOVA

DEZEMBRO

Olhe para os céus e ouça a voz de Ogum dizendo: você é capaz de transformar a sua vida!

ODU DO DIA
Ejiokô

ACESSE AS
PREVISÕES
DE HOJE

07h

08h

09h

10h

11h

12h

13h

14h

15h

16h

17h

18h

19h

20h

21h

ANOTAÇÕES:

Odu Ogundá NO ASPECTO *positivo*

ORIXÁ REGENTE: *Ogum*

☾ LUA CRESCENTE
Lua Vazia: 27/12 04:03h até 27/12 05:02h

DEZEMBRO

27

SÁBADO

07h _____

08h _____

09h _____

10h _____

11h _____

12h _____

13h _____

14h _____

15h _____

16h _____

17h _____

18h _____

19h _____

20h _____

21h _____

Um pouco de fé e muita coragem: essa é a receita de Ogum para a sua vitória!

ODU DO DIA
Ogundá

ACESSE AS
PREVISÕES
DE HOJE

ANOTAÇÕES:

28

DOMINGO

Odu Irossun NO ASPECTO *negativo*

ORIXÁ REGENTE: *Iemanjá*

☾ LUA CRESCENTE
Lua Vazia: 28/12 23:13h até 29/12 08:57h

DEZEMBRO

Se os olhos são o espelho da alma, que
Iemanjá faça os seus brilharem de alegria!

ODU DO DIA
Irossun

ACESSE AS
PREVISÕES
DE HOJE

07h

08h

09h

10h

11h

12h

13h

14h

15h

16h

17h

18h

19h

20h

21h

ANOTAÇÕES:

DEZEMBRO

Odu Oxê NO ASPECTO *negativo*

ORIXÁ REGENTE: *Oxum*

☾ LUA CRESCENTE
Lua Vazia: 28/12 23:13h até 29/12 08:57h

29
SEGUNDA

07h _____

08h _____

09h _____

10h _____

11h _____

12h _____

13h _____

14h _____

15h _____

16h _____

17h _____

18h _____

19h _____

20h _____

21h _____

Que tal começar o dia sorrindo?
Deixe a força de Oxum lhe inspirar e
guiar o seu destino!

ODU DO DIA
Oxê

ACESSE AS
PREVISÕES
DE HOJE

ANOTAÇÕES:

30

TERÇA

Odu Obeogundá NO ASPECTO *positivo*

ORIXÁ REGENTE: *Obá*

☾ LUA CRESCENTE

DEZEMBRO

Obá já determinou e hoje é o seu dia de vencer! Confie: a felicidade chegando!

ODU DO DIA
Obeogundá

ACESSE AS
PREVISÕES
DE HOJE

07h

08h

09h

10h

11h

12h

13h

14h

15h

16h

17h

18h

19h

20h

21h

ANOTAÇÕES:

Odu Aláfia NO ASPECTO *positivo*

ORIXÁ REGENTE: *Orunmilá*

☾ LUA CRESCENTE
Lua Vazia: 31/12 09:25h até 31/12 10:13h

DEZEMBRO

31

QUARTA
Réveillon

07h _____

08h _____

09h _____

10h _____

11h _____

12h _____

13h _____

14h _____

15h _____

16h _____

17h _____

18h _____

19h _____

20h _____

21h _____

É nos pequenos sinais do universo que Orunmilá se manifesta, permita-se enxergá-los!

ODU DO DIA *Aláfia*

ACESSE AS
PREVISÕES
DE HOJE

ANOTAÇÕES:

ANOTAÇÃO IMPORTANTES

LIÇÕES APRENDIDAS NO ANO QUE PASSOU...

O ano está terminando e, com isso, é hora de estabelecer as metas e objetivos para o novo ciclo que se aproxima. Antes disso, que tal aproveitar esse momento para perceber o quanto você evoluiu nos meses que se passaram? Pensando nos últimos doze meses, quais foram as principais lições aprendidas até aqui?

1. _____

2. _____

3. _____

4. _____

5. _____

6. _____

7. _____

8. _____

9. _____

10. _____

11. _____

12. _____

METAS PESSOAIS PARA O ANO QUE VAI COMEÇAR...

Ao meditar conscientemente sobre as experiências do passado e entendermos como, a cada dia, podemos nos tornar responsáveis pela nossa própria felicidade, também podemos escolher o futuro que vamos experimentar. Pensando nisso e nas lições aprendidas até aqui, quais são as suas metas e objetivos para transformar o ano que vem no melhor ano da sua vida até agora?

1. _____

2. _____

3. _____

4. _____

5. _____

6. _____

7. _____

8. _____

9. _____

10. _____

11. _____

12. _____

TELEFONES IMPORTANTES

Nome: _____

Tel.: (___) _____-_____   Cel.: (___) _____-_____

Nome: _____

Tel.: (___) _____-_____   Cel.: (___) _____-_____

Nome: _____

Tel.: (___) _____-_____   Cel.: (___) _____-_____

Nome: _____

Tel.: (___) _____-_____   Cel.: (___) _____-_____

Nome: _____

Tel.: (___) _____-_____   Cel.: (___) _____-_____

Nome: _____

Tel.: (___) _____-_____   Cel.: (___) _____-_____

Nome: _____

Tel.: (___) _____-_____   Cel.: (___) _____-_____

Nome: _____

Tel.: (___) _____-_____   Cel.: (___) _____-_____

Nome: _____

Tel.: (___) _____-_____   Cel.: (___) _____-_____

Nome: _____

Tel.: (___) _____-_____   Cel.: (___) _____-_____

Nome: _____

Tel.: (___) _____-_____   Cel.: (___) _____-_____

TELEFONES IMPORTANTES

Nome: _____

Tel.: (___) _____-_____   Cel.: (___) _____-_____

Nome: _____

Tel.: (___) _____-_____   Cel.: (___) _____-_____

Nome: _____

Tel.: (___) _____-_____   Cel.: (___) _____-_____

Nome: _____

Tel.: (___) _____-_____   Cel.: (___) _____-_____

Nome: _____

Tel.: (___) _____-_____   Cel.: (___) _____-_____

Nome: _____

Tel.: (___) _____-_____   Cel.: (___) _____-_____

Nome: _____

Tel.: (___) _____-_____   Cel.: (___) _____-_____

Nome: _____

Tel.: (___) _____-_____   Cel.: (___) _____-_____

Nome: _____

Tel.: (___) _____-_____   Cel.: (___) _____-_____

Nome: _____

Tel.: (___) _____-_____   Cel.: (___) _____-_____

Nome: _____

Tel.: (___) _____-_____   Cel.: (___) _____-_____

TELEFONES IMPORTANTES

Nome: _____

Tel.: (___) _____ - _____   Cel.: (___) _____ - _____

Nome: _____

Tel.: (___) _____ - _____   Cel.: (___) _____ - _____

Nome: _____

Tel.: (___) _____ - _____   Cel.: (___) _____ - _____

Nome: _____

Tel.: (___) _____ - _____   Cel.: (___) _____ - _____

Nome: _____

Tel.: (___) _____ - _____   Cel.: (___) _____ - _____

Nome: _____

Tel.: (___) _____ - _____   Cel.: (___) _____ - _____

Nome: _____

Tel.: (___) _____ - _____   Cel.: (___) _____ - _____

Nome: _____

Tel.: (___) _____ - _____   Cel.: (___) _____ - _____

Nome: _____

Tel.: (___) _____ - _____   Cel.: (___) _____ - _____

Nome: _____

Tel.: (___) _____ - _____   Cel.: (___) _____ - _____

Nome: _____

Tel.: (___) _____ - _____   Cel.: (___) _____ - _____

TELEFONES IMPORTANTES

Nome: _____

Tel.: (___) _____-_____   Cel.: (___) _____-_____

Nome: _____

Tel.: (___) _____-_____   Cel.: (___) _____-_____

Nome: _____

Tel.: (___) _____-_____   Cel.: (___) _____-_____

Nome: _____

Tel.: (___) _____-_____   Cel.: (___) _____-_____

Nome: _____

Tel.: (___) _____-_____   Cel.: (___) _____-_____

Nome: _____

Tel.: (___) _____-_____   Cel.: (___) _____-_____

Nome: _____

Tel.: (___) _____-_____   Cel.: (___) _____-_____

Nome: _____

Tel.: (___) _____-_____   Cel.: (___) _____-_____

Nome: _____

Tel.: (___) _____-_____   Cel.: (___) _____-_____

Nome: _____

Tel.: (___) _____-_____   Cel.: (___) _____-_____

Nome: _____

Tel.: (___) _____-_____   Cel.: (___) _____-_____

TELEFONES IMPORTANTES

Nome: _____

Tel.: (___) _____ - _____   Cel.: (___) _____ - _____

Nome: _____

Tel.: (___) _____ - _____   Cel.: (___) _____ - _____

Nome: _____

Tel.: (___) _____ - _____   Cel.: (___) _____ - _____

Nome: _____

Tel.: (___) _____ - _____   Cel.: (___) _____ - _____

Nome: _____

Tel.: (___) _____ - _____   Cel.: (___) _____ - _____

Nome: _____

Tel.: (___) _____ - _____   Cel.: (___) _____ - _____

Nome: _____

Tel.: (___) _____ - _____   Cel.: (___) _____ - _____

Nome: _____

Tel.: (___) _____ - _____   Cel.: (___) _____ - _____

Nome: _____

Tel.: (___) _____ - _____   Cel.: (___) _____ - _____

Nome: _____

Tel.: (___) _____ - _____   Cel.: (___) _____ - _____

Nome: _____

Tel.: (___) _____ - _____   Cel.: (___) _____ - _____

ORIXÁS 2025

UMA PUBLICAÇÃO DA
EDITORA AROLE CULTURAL

ACESSE O SITE E DESCUBRA
WWW.AROLECULTURAL.COM.BR

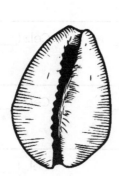
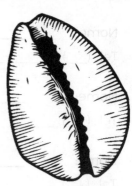